如何欣赏别人的优点

RUHE XINSHANG
BIEREN DE YOUDIAN

本书编写组 ◎ 编
BENSHU BIANXIEZU BIAN

世界图书出版公司
广州·北京·上海·西安

图书在版编目（CIP）数据

如何欣赏别人的优点/《如何欣赏别人的优点》编写组编.—广州：广东世界图书出版公司，2010.8（2024.2重印）
 ISBN 978-7-5100-2523-5

Ⅰ.①如… Ⅱ.①如… Ⅲ.①人间交往-青少年读物 Ⅳ.①C912.1-49

中国版本图书馆 CIP 数据核字（2010）第 151761 号

书　　名	如何欣赏别人的优点 RUHE XINSHANG BIEREN DE YOUDIAN
编　　者	《如何欣赏别人的优点》编写组
责任编辑	张梦婕
装帧设计	三棵树设计工作组
出版发行	世界图书出版有限公司　世界图书出版广东有限公司
地　　址	广州市海珠区新港西路大江冲 25 号
邮　　编	510300
电　　话	020-84452179
网　　址	http://www.gdst.com.cn
邮　　箱	wpc_gdst@163.com
经　　销	新华书店
印　　刷	唐山富达印务有限公司
开　　本	787mm×1092mm　1/16
印　　张	10
字　　数	120 千字
版　　次	2010 年 8 月第 1 版　2024 年 2 月第 11 次印刷
国际书号	ISBN　978-7-5100-2523-5
定　　价	48.00 元

版权所有　翻印必究

（如有印装错误，请与出版社联系）

前　　言

　　每个人都有自己的优点，发现别人的优点，去肯定它、赞赏它，优点就能发扬光大，优点就能得到加强。因此，懂得欣赏别人的优点，就是对他人最大的激励。

　　欣赏别人、赞美别人，是我们在人际交往中最常用的语言，也是最能打动人心的语言。懂得欣赏和赞美他人的人，在生活中能够体会到更多人间的温暖，也能给予他人更多奋进的力量和快乐；而得到欣赏和赞美的人，其生命的潜力得到激发，便能发挥出更大的力量。

　　欣赏和赞美别人就是对别人发自内心的肯定、赞许和欣赏，是溢于言表的赞扬和鼓励。人们心灵深处最执著的渴望就是得到别人的欣赏、赞美和肯定。欣赏和赞美是推动人们前进的动力之源，没有人能抵制住欣赏和赞美的力量，所以我们更不能轻视欣赏和赞美的力量。当欣赏和赞美表现得恰到好处时，它就改变世界，创造人间奇迹和辉煌。

　　欣赏和赞美能让人更加自信，并能激发出心灵深处的巨大潜能，让人创造出辉煌的业绩。欣赏和赞美孩子，孩子会兴奋异常，欢腾雀跃，他们会为自己取得的进步和成绩而感到自豪；欣赏和赞美领导，领导也会受到激励，因此而精神振奋，工作效率倍增，对下属更宽容、更爱护；用欣赏和赞美来感激为自己无私付出的父母，父母会快乐无比、心情愉悦；欣赏和赞美辛苦工作的老师，老师也会深感欣慰，会更好地爱护学生，更尽心地教授学生知识；用欣赏和赞美来对待同学，同学会更加勤奋努力，也会增进同学间的友爱之情。

因此说，没有欣赏和赞美，就没有发自内心的开心和快乐；没有欣赏和赞美，就没有健康和谐的师生关系、和谐的家庭关系、和谐的人际交往。

欣赏和赞美的力量如此之大，于是人们便纷纷表达欣赏和赞美。然而，欣赏和赞美也有优拙之分，效果自然也有天壤之别。聪明得体的欣赏和赞美，会让对方如遇知己；随意虚假的奉承，只能让对方避之唯恐不及，如同拍马屁拍到了蹄子上。

如何有效的欣赏和赞美别人呢？怎样才能让欣赏和赞美产生神奇的魔力？本书将给你最激动人心的解读。

本书将从欣赏他人和赞美他人的方法和技巧出发，探寻欣赏他人和赞美他人的艺术。让欣赏和赞美成为一种本能的习惯，让你的欣赏和赞美表现得恰到好处、卓尔不凡，让你直接走进对方心里，成为对方的知己。

目 录
Contents

被欣赏的神奇魔力

良言一句三冬暖 …………… 1
把好话说到别人的心坎里 ……… 3
赞赏是照在人们心灵上的阳光 … 6
人人都渴望能够被别人欣赏 …… 8
欣赏是激发潜能的最佳方式 …… 10
送给他人最真诚的赞赏 ………… 13
不妨戴戴"高帽子" …………… 15
要热情洋溢地去赞赏 …………… 17
给出色的人以真心的赞赏 ……… 20
用赞赏的方式说服对方 ………… 22
赞赏的话要说到点子上 ………… 24
发自内心的赞赏最感人 ………… 27

用赞赏收获美好人生

用赞赏激发男性的雄心和信心 … 30
少提要求,多用赞美 …………… 32
赞美要有备而发 ………………… 34
随时随地都要想到赞美 ………… 37
用赞赏快速建立人际关系 ……… 39
用赞赏拉近信任关系 …………… 40

初次相逢,一定要赞到点子上 … 42
肯定对方就是肯定自己 ………… 45
知己和知音就是赞赏你的人 …… 47
赞赏对方的优点无需难为情 …… 49
赞赏能使生活更美好 …………… 50

赞赏是成功的动力

欣赏可以改变一个人的命运 …… 53
赞赏别人身上的闪光点 ………… 56
用赞赏播下信念的种子 ………… 58
赞赏是走向成功的法宝 ………… 59
要懂得赞赏别人 ………………… 61
每一个微小的进步都要赞赏 …… 63
赞赏的同时也要提出更高的
　要求 ………………………… 65
一句赞赏的话改变了他的命运 … 67
用赞赏来引导积极性 …………… 68

赞赏最易打动人心

人人都爱听好话 ………………… 71
巧妙的赞赏让人兴奋心跳 ……… 73
妙语连珠巧赞赏 ………………… 75

诙谐幽默的赞赏更美妙 …………… 77
灵活机变的口才让赞赏生辉 …… 80
赞赏带来轻松气氛 ………………… 82
赞赏要顺势而言 …………………… 84
赞赏要考虑表达的顺序 …………… 87

对不同个性的赞赏

对性情急躁的人 …………………… 90
对争强好胜的人 …………………… 91
对优柔寡断的人 …………………… 94
对目光短浅的人 …………………… 98
对嫉妒心强的人 ………………… 100
对傲慢自大的人 ………………… 103
对自私自利的人 ………………… 106
对城府深的人 …………………… 109
对耿直的人 ……………………… 113

对勇猛的人 ……………………… 116
对多疑的人 ……………………… 120

欣赏的高级技巧

赞赏者要懂得专业知识 ………… 123
赞赏要有远见卓识 ……………… 127
用赞赏化解嫉妒 ………………… 129
关键时刻要有赞赏的气度 ……… 131
为对手鼓掌喝彩 ………………… 134
上司赞赏下属要及时 …………… 138
赞美大树，也欣赏小草 ………… 141
赞赏不可言过其实 ……………… 142
赞赏他人不要鹦鹉学舌 ………… 145
赞赏时要坚持原则 ……………… 148
赞赏不当可能适得其反 ………… 150
赞赏他人要注意措词 …………… 152

被欣赏的神奇魔力

欣赏与赞美的秘诀,没有天机,只是一句真心话,是欣赏之情的直接流露。它会让人舍生忘死、全力以赴。这就是欣赏的神奇魔力。

在人与人相处的过程中,有一剂灵丹妙药总是能在关键时刻起到作用,这就是欣赏。欣赏的话,能让人心情愉快,能催人奋进,能改变他人于无形,能让大家都生活在一个充满自信的、快乐的世界里。

只有真实的欣赏,才最能打动心灵。欣赏一个人,要发自肺腑、出自内心。欣赏不需要华丽的语言,它需要真诚,一个动作、一个微笑、一个眼神、一句简单的话语足以表达,只要是具体、真实、恰如其分的真诚赞赏,就能够拉近心与心之间的距离。

良言一句三冬暖

给人一句欣赏的话,就等于给人以希望。欣赏是一种喜欢,一种鼓励,一种促进,一种欣赏。一个人在受到欣赏的时候,能重拾奋斗的信心,以更高的斗志去继续努力。

1922年,加利福尼亚的一位年轻人一贫如洗,甚至连自己的妻子也照顾不了。星期天,他去教会唱诗班卖唱;平时则靠偶尔在人家的婚礼上,用唱赞歌来赚钱糊口。他的生活贫困极了,没有能力住在城里,因此他在乡下一座葡萄园里租了一间破旧的房子,每月租金只要12.5美元。

即使是这么点儿租金,他也无力支付。不久,他就拖欠了人家10个月的租金。在这种形势的逼迫之下，他不得不替房东摘葡萄以偿还租金。他后来向朋友倾诉，在不得已的情形下，他穷得没有东西吃时，就拿葡萄来填肚子。

失望之余，他几乎想放弃歌唱这份爱好，去推销载重汽车谋生。就在这时，他的朋友皮克称赞了他，皮克对他说："你的嗓音很美，我觉得你有歌唱的才能，你该去纽约学唱才是。"

后来，就是那一点儿赞许，那几句鼓励之语，成了他终身事业上的转折点。于是他向朋友借了2500美元，去东部学唱。他就是著名的歌唱家——铁贝得。

在朋友的赞赏下，铁贝得发现了自己身上的潜力，在贫困交加的情况下，改变了自己的奋斗目标。他因为朋友说的"嗓音很美"、"有歌唱的才能"而兴奋，他感到自己并非毫无长处，他也有优势。在努力学习之后，他成为了一名歌唱家。如果没有朋友的欣赏和鼓励，铁贝得可能就会在生活的重压下放弃自己的爱好，他也就无法成为歌唱家。

好话能给人以信心，促人奋进。它让人感受到好的愿景，觉得成功就在前方，于是有了好的心态，有了全力以赴的行动。所以，我们在鼓励他人时，不要吝啬欣赏和鼓励之语。有时候，一句溢美之词就能改变一个人的前途和命运。

有这么个小故事：一名书生进京赶考，住在客栈，他一晚上做了三个梦：一个梦是把白菜籽种在墙上；第二个梦是下着雨，他戴着斗笠，还打着雨伞；第三个梦是和他的未婚妻睡在一张床上，却背靠着背。

第二天早上，书生坐在客栈里开始发愁，客栈的老板见了，问其原因，他就讲了自己昨晚的那三个梦，那老板说："你回家吧！没戏。你把白菜种在墙上，那不是白种吗？你戴着斗笠还打着雨伞，那不是多此一举吗？你和未婚妻睡在一张床上，又是背靠背，那不是没戏吗？"

书生觉得很失望，闷闷不乐地来到客栈外面转悠，又碰到一个人，这个人听完小伙子的三个梦后说："小伙子，好呀，你把白菜种在墙上，那是高中；你又戴斗笠又打着雨伞，说明有备而来，万无一失，伞破了，还有斗笠；你和未婚妻睡在一张床上，背靠背，这不是翻身的日子到了吗？"

书生听了客栈老板的话后，斗志全无，非常失望。而听了另一个人的解说后，心情愉快地去考试，结果高中了。可见，不同的话会对人产生不同的效果。如果能用一句"良言"，让对方感到快乐，并取得成功，我们何乐而不为呢？

美国第四十任总统里根对赞赏他人有深刻的体会，他在78岁生日时说："在我14岁的时候，我的母亲对我说，千万别忘了发现别人的长处，多说别人的好话。从此以后，我牢记这句话，甚至在梦里也不忘赞赏别人。可以说是我的母亲塑造了我的一生。"里根的母亲不愧为一个伟大的母亲，他教给里根最好的说话方式——欣赏别人。

美言美语

> 经常赞赏他人，可以给他人带来快乐和幸福。"送人玫瑰，手有余香"，在用赞赏给予他人快乐时，自己也能得到成功和快乐。

把好话说到别人的心坎里

赞赏是一门艺术，它不是随口的奉承，它是发自内心的震撼和感动，是真诚欣赏的传递。赞赏的话不需要说得天花乱坠，关键在于能打动他人，说到对方的心坎里。

有时候，一句简短而精炼的话，只要能说到对方的心坎里，也能起到一鸣惊人的效果。

清末在镇压太平军的过程中，曾国藩花费了很多的心思。

一次，曾国藩用完晚饭后与几位幕僚闲谈，评论当时的英雄。他说："彭玉麟、李鸿章都是大才，为我所不及。我可自许者，只是生平不好谀耳。"

一名幕僚说："各有所长，彭公威猛，人不敢欺；李公精敏，人不能欺。"说到这里,他说不下去了。

曾国藩便问:"你们以为我怎样?"

众人皆低头沉思。忽然走出一个负责抄写的后生,他过来插话道:"曾帅是仁德,人不忍欺。"

众人听了齐拍手。曾国藩十分得意地说:"不敢当,不敢当。"

后生告退而去。

曾国藩问:"此是何人?"

幕僚告诉他:"此人是扬州人。入过学,家贫,办事还谨慎。"

曾国藩听完后说:"此人有大才,不可埋没。"

不久,曾国藩升任两江总督,就派那名后生去扬州任盐运使。

后生只是简短的一句赞赏,就换来了大好前程。为什么这句赞赏如此有效呢?原因就是因为他的赞赏说到了曾国藩的心坎里。曾国藩一向以"仁德"自许,后生以这点来赞赏他,正是投其所好,所以能官运亨通。

要把欣赏的话说到对方心里去,关键是要了解对方愿意听的话。有的时候,对方愿意听的并不是夸夸其谈的赞赏,而是忠心耿耿的忠言。这时候,懂得说话技巧的人就要顺应对方的需要,多进忠言。

有个春秋时期的故事:

晋国的正卿赵简子有个臣子叫周舍,他表示"愿为愕愕之臣",每天记下赵简子的过失。赵简子发现在众多只会奉承拍马的臣子当中竟有这么一位与众不同的"直士",很是喜爱。以后,赵简子出入都与周舍在一起。

后来,周舍死了,赵简子像丧子那样悲恸,他还明确地对众大臣说:"众人之唯唯,不若直士之愕愕。"意思是说,那么多人的唯唯诺诺,不如周舍这样的直士因为批评我而让我惊愕。

赵简子听的"马屁"多了,便对赞赏之词不感兴趣了,反而赏识直接记载他的过失的周舍。可见,赞赏之词要说到对方心里,就要深入地了解对方,说出对方想要听的话。说话要讲究技巧,这样才能被对方引为知己。

要把赞赏的话说到对方心坎里,还要了解对方的兴趣爱好,察言观色。

张廷玉是清朝的元老重臣,对康熙、雍正和乾隆三代辅佐。张廷玉为人谨小慎微，谨守"万言万当，不如一默"的说话原则。但就是这么一个以沉默为做事原则的张廷玉，在赞赏皇帝方面也毫不含糊，而且能每每把话说到皇帝心里，让他畅怀。

乾隆皇帝总是以"书生皇帝"自居，他把自己在品茶、论诗、题字方面的成就看得非常重。每当有新诗或者得意之作时，都希望得到大臣的赞赏。在品茶方面，也是如此。

有一天，宰相张廷玉从朝中回来没多久，乾隆忽然到访。张廷玉赞赏之词就顺口而来："臣在先帝爷手里办了十三年差，从没有这个例，哪有皇上来看下臣的！真是折杀老臣了！"这一句赞赏，把乾隆和先帝比较，显出了乾隆的体贴臣子，乾隆听了，心里非常舒坦。

张廷玉深知乾隆好茶，便命家人把收藏的陈年雪水挖出来泡茶给乾隆品尝。乾隆兴致很高地招呼随从坐下，道："今儿个我们都是客，不要拘君臣之礼。坐而论道品茗，不亦乐乎？"水开后，乾隆亲自给臣子泡茶，然后就开始大谈茶经。

张廷玉知道这是乾隆的得意之事，更是大加赞赏："我哪里省得这些，只知道吃茶可以解渴提神。一样的水和茶，我从没闻过这样的香味。"李卫也乘机称赞道："皇上圣学渊源，真叫人瞠目结舌，吃一口茶也竟然有这么多学问？！"乾隆听后心花怒放，谈兴大发，从"茶乃水中君子、酒乃水中小人"开始，论起"宽猛之道"。一时间，厅堂里气氛热烈。一边是皇帝的妙语连珠、滔滔不绝，另一边是臣子的洗耳恭听、随时赞赏，乾隆说得意兴浓烈。

张廷玉真是一个善于赞赏皇帝的臣子，他知道乾隆皇帝对茶颇有研究，所以就围绕品茶一事展开赞赏，乾隆便谈兴大发，乐于交谈了。

张廷玉能在几十年内官居高位，这与他的言谈之道、赞赏之词不无关系。他能洞察皇帝的喜好，说出来的赞美之语让乾隆开心得意、兴高采烈，自然也能经常得到皇帝的赏识了。

美言美语

> 欣赏的话要说到对方的心里去,让对方觉得你是知他、懂他、真正欣赏他的人,那么,对方也就会对你投桃报李,刮目相看了。

赞赏是照在人们心灵上的阳光

莎士比亚曾说:"赞赏是照在人心灵上的阳光。没有阳光,我们就不能生长。"植物需要阳光和雨露,因为阳光可以让它成长,雨露可以给它滋润,阳光和雨露是植物的生命之源。人也需要阳光和雨露的滋润,那就是赞赏。

成长的过程总是很难一帆风顺的,在挫折中,赞赏就像撒播在心灵上的阳光和雨露,给人希望,催人奋进。

历史上,很多成功人士的斗志和激情,都是在他人的欣赏和鼓励中催生的。

英国著名的文学家狄更斯曾经险些被贫困和磨难打倒,在他人生陷入困境的时候,是编辑的欣赏给了他阳光,给了他继续奋斗的勇气和力量。

1812年2月7日,狄更斯生于英国朴次茅斯市郊的波特西地区。他少年时家庭生活窘迫,只能断断续续入校求学。10岁时,狄更斯的父亲因为还不起债而入狱。为了摆脱饥饿的困扰,狄更斯被迫到工场当童工。他的工作是每天在一间老鼠满地跑的货仓里粘贴墨水瓶上的签条。

狄更斯白天工作,晚上,他便跟另外两个来自伦敦贫民窟的肮脏顽童,住在楼顶的一间小暗房里。虽然条件非常艰苦,但是狄更斯依然拥有想当作家的梦想。他不断地利用仅有的一点儿时间写稿、修改。狄更斯对写作没有自信,当他的第一篇稿子完成时,他担心被别人讥笑,只得在夜间悄悄地把稿子投入邮箱里。

狄更斯连续地写稿、投稿，但他所寄出的那些稿子，却被接二连三地给退了回来。在那段日子里，狄更斯感到非常痛苦。他的作家梦受到了沉重的打击，他对自己的前途失去了信心、不知所措了。

终于有一天，他的激情又燃起来了，因为有一个编辑回信赞许了他。这个编辑说："你在写作方面很有天赋，虽然现在你还写得不很成熟，但是我们愿意试用你的一篇稿子。"狄更斯高兴极了，他抚摸着那一篇被发表的稿子，泪流满面。

编辑的欣赏和认可使狄更斯如沐春风雨露，他重新树立起了写作的信心，他想，只要有一个编辑愿意用他的稿子，他就可以努力地写下去。

写作真正进入了狄更斯的生活。20岁后，狄更斯成为一名报馆采访员。他常常带着笔记本在伦敦偏僻的角落和乡村漫游，为创作搜集丰富的素材。他写的《匹克威克外传》、《大卫·科波菲尔》、《双城记》等作品都成为一流的世界名著。

如果没有当初那位编辑的赏识，狄更斯在受到多次打击后，可能真的会放弃自己的写作梦想，那么，他就无法成为一代文豪。在狄更斯的成功历程中，最初获得的赏识坚定了他继续写作的决心，让他获得了重新写下去的勇气和自信。

成功的路总是充满泥泞和坎坷，如果没有阳光和雨露的滋润、呵护，理想的幼苗就无法茁壮成长。如果幼苗得到了阳光的照耀，就一定能够重见天日，长成参天大树。

100多年前，一名年轻人在一家店铺里工作。每天早晨，他5点钟就要起来打扫店铺，一天做14个小时的苦工。这样过了两年，年轻人实在忍受不下去了。某天早晨，等不及吃早餐，他一口气走了244米路，去找自己的母亲商谈。

他像是疯了似的向母亲哭着哀求，他赌咒发誓，说他再也不回那家店铺工作了。如果再逼着他回到那家店中，他就要自杀。他写了一封冗长且悲伤的信给他的老校长，说他的心已破碎，不想再活下去了。

在老校长的回信中，他看到了欣赏的话语。老校长称赞他是个聪明的年轻人，说他在学校的时候就是一个优秀的学生，认为有很多更适合他的工作。在信的末尾,老校长推荐他去当一名教员。

这封信,这个赞许,改变了年轻人的一生。从此他从绝望和落魄中摆脱出来,他想到自己还有优点,还有工作可做。于是,他重振旗鼓,当上了教员。

在老校长的支持和欣赏中,英国文学史上又诞生了一颗明珠,他就是英国著名作家韦尔斯。他写的《时间机器》、《隐身人》成为现代科幻小说的开山之作,《世界史纲》成为史学界的巨著。

在悲伤、绝望的时候,韦尔斯收到了老校长的欣赏,他的心情为之震荡,他的眼中露出了光芒,老校长给他的高度评价,老校长对他的信任和期待,让他绝处逢生。从这个意义上来说,是欣赏赐予了他重生的力量,是欣赏开创了他后来的成功。

美言美语

> 欣赏,是撒播在人心灵上的阳光雨露,它可以温暖人的灵魂,使人们在艰难的处境中感受到温暖和光芒。莎士比亚说:"我们得到的欣赏就是我们的薪水!"对于很多人来说,欣赏起到的作用,有时候比薪水还大。没有人会拒绝被欣赏,很多人因为得到欣赏,改变了自己的命运。

人人都渴望能够被别人欣赏

美国著名心理学家威廉·詹姆斯说:"人类本性上最深的企图之一是期望被欣赏、钦佩、尊重。"希望得到尊重和欣赏,是人们内心深处的愿望。每个人都渴望得到他人的欣赏。

喜剧大师卓别林年轻时历经诸多磨难,他对生命和事业执著追求的动力,就来自有眼光的评论家的欣赏。

卓别林出生在英国,父亲早逝,母亲患上了严重的精神病。为了生计,幼年的卓别林四处寻找可以挣钱的生计。经过四处打听，卓别林得知伦敦的一家剧院需要一个小演员。后来，在一部剧名为《吉姆——一个伦敦人的传奇》戏中，卓别林扮演了报童桑米一角。

《吉姆——一个伦敦人的传奇》戏剧的演出并不成功，招来许多批评家毫不客气的批评。然而，《伦敦热带时报》在批评该剧的同时，却独具慧眼地对卓别林在剧中的表现大加赞扬，评论说："但是，幸而有一个角色弥补了该剧的缺点，那就是报童桑米。桑米这一角色虽然在剧中被写得陈腐而平常，但卓别林这位玲珑活泼的孩子却把他演得十分有趣，以前我们不曾听说过这个孩子，但是可以预见，不久的将来定会看到他不凡的成就。"

卓别林在看到这一段欣赏之词时，抑制不住内心的激动和热情。对卓别林来说，欣赏就像一缕纤细的阳光，给他贫穷而苦难的生活带来了希望。他感觉得到了光亮的指引，获得了前进的勇气，看到了成功的希望，于是，他下定决心从事演艺事业。

在接下来的学艺的日子里，这些欣赏的话不断地激励和鞭策着卓别林。当时，卓别林的生活依然非常清苦。他一方面要维持生活，努力到游艺场和巡回剧团中找事做，卖艺或打杂；另一方面又要刻苦练习，提高自己的演技。每当卓别林感到辛苦和劳累的时候，他就想起评论上的欣赏，"我们不曾听说过这个孩子，但是可以预见，不久的将来定会看到他不凡的成就"。这些话让卓别林的眼前闪动着希望的光芒，他一遍又一遍地念着，忘却了清苦和辛劳，感受到了前进的力量。

随着卓别林的不断成长，他在伦敦的舞台已经小有成就了。但是，他总是找不到自己的特点和方向，这时候，评论家的欣赏又一次给了他新的希望。

年轻的卓别林获得了一次去美国演出的机会。不巧的是，这次演出的剧目同样没有引起任何轰动，然而，美国的《剧艺报》在谈到卓别林的表演时却撰文评论道："那个剧团里至少有一个很能逗笑的英国人，他总有一天会让美国人倾倒的。"

"一个很能逗笑的英国人"？卓别林反复地念着这句话，进入了一种兴奋状态。他想："我既然是一个能逗笑的人，或许我很擅长表演让人高兴的角色。"

于是，年轻的卓别林决定专攻喜剧，正是那一句"他总有一天会让美国人倾倒"让他跃跃欲试。

令人惊喜的是，卓别林选择喜剧作为自己的方向取得了重大的成功。1914年2月28日，卓别林出演《阵雨之间》中流浪汉夏尔洛的角色，他头戴圆顶礼帽、手持竹手杖、足蹬大皮靴、走路像鸭子的形象得到了观众潮水般的掌声，卓别林演绎的夏尔洛的细致感情让人们含泪而笑。从此，卓别林在喜剧片中的形象确立起来了，这一形象风靡欧美20余年。

自1919年，卓别林开始独立制片，共拍摄80余部喜剧片，著名的影片有《淘金记》、《城市之光》、《摩登时代》等。1972年，卓别林在好莱坞获得奥斯卡终身成就奖，他被誉为"在20世纪为电影艺术做出不可估量的贡献"。

在卓别林的演艺生涯中，两次非同寻常的赞赏在无形中指引了他前进的方向。批评家的第一次欣赏，让他明白了自己的演艺天赋；批评家的第二次欣赏，让他选定了演艺的方向。这些欣赏给了卓别林无形的动力和希望，使他最后能够成为享誉世界的艺术家。试想，如果当时所有的舆论都对他的表演嗤之以鼻的话，那么，可能会抹煞他仅有的一点儿自信和锐气。

美言美语

> 欣赏是送给奋斗者的最好的礼物，它可以使人在困难中看到前进的希望，在迷惘中看到美好的未来。每个人都需要欣赏，尤其是在追求成功的过程中。

欣赏是激发潜能的最佳方式

没有人能够预测一个人的潜能，而激发这种潜能的最佳方式就是欣赏。

很多人具有各种潜在的能力，可是却没有发掘、利用，于是过着普通的日子，有的人甚至找不到自己的优势。其实，每个人都有自己的潜力和优势，只要能激发出来，都能成为成功者。

激发潜能的方法很多，其中最有效的就是欣赏。当一个人得到欣赏时，他就会意识到自己的潜力，并努力把身体里蕴藏的潜力发挥出来，成为一个成功的人。

凡是玩桥牌的人，没有人不知道杰克逊这个名字的。他有关桥牌的论著，已经译成12种语言，发行量不低于100万册。可是，如果不是他的新婚妻子告诉他，说他有玩桥牌的天赋，他一定不会以玩桥牌为职业。

1922年，当杰克逊首次来到美国时，他打算找一个教授哲学或是社会学的职位，可是等了很久，都没有结果。后来，他替人家推销煤，结果也失败了。最后，他替人家推销咖啡，仍然一无所获。

面对事业的重重挫折，杰克逊茫然不知所措。他不知道自己还有什么能力可以谋生，也不知道自己到底能做成什么大事。

当时，杰克逊从未想到去教人怎么玩桥牌游戏。实际上，他不但是个不精于玩牌的人，而且还很固执。他常有满肚子的问题等着别人来解答，因此谁也不愿意跟他一起玩牌。

后来，杰克逊遇到美丽的桥牌老师狄仑女士，他们一见钟情，不久就走进了婚姻的殿堂。婚后，两人一起玩牌时，狄仑注意到她的丈夫总是细心分析自己手里的牌，有着极强的判断力和预测力。于是，狄仑告诉丈夫："你有玩桥牌的天赋，你能玩得更好。"

"有天赋？"杰克逊开始跟狄仑一起研究桥牌，他擅长分析、喜欢提问的潜力完全发挥出来了。他对各家对手的牌势都颇感兴趣，并且能恰到好处地发出自己的优势牌。

在狄仑的欣赏和引导下，杰克逊成为了职业桥牌专家。

杰克逊有自己独特的潜能，虽然他不适合推销煤和咖啡，也不适合当教授和从事社会学，但是，他的潜力却并未消失，只是杰克逊自己没有发现和利用起来而已。当狄仑发现了这一点之后，给了杰克逊前所未有的鼓励和欣赏。于是，杰克逊在猛然之间注意到了自己的潜力，随即茅塞顿开，找到了自己的方向。

潜能深深地隐藏在人们的身体中，美国心理学家贾姆士说："若与我们所饱含的潜能相比,我们现在不过是处在半醒状态。我们现在只利用到我们身心资源的一小部分。也可以这样说,大多数的人,都没留意到自己能力的极限在哪里,他们只是庸庸碌碌地活着。人们从来不懂得善用自己的力量。"这种力量,可以由他人的欣赏激发出来。

美国第十三任总统卡尔文·柯立芝是一位善于欣赏和鼓励他人的总统,即使在日常交往中,他也从不吝啬自己的赞赏。

有一次,柯立芝邀请心理学家汤姆夫妇一起度周末。在周末的休闲活动中,柯立芝提议大家进行一次桥牌友谊赛。这个桥牌友谊赛就像现代很多年轻人经常玩的扑克升级游戏,对于会打的人一点儿都不难,但是对于没有打过的人来说,他们很难鼓起勇气参加。

汤姆没有参加过桥牌游戏,面对柯立芝的建议提不起兴趣。柯立芝却非常期待地说:"汤姆,为什么不试试呢?除了需要一些记忆与判断能力外,它没有什么技巧可言。你曾经对人类记忆的组织有过深入的研究,因此,打桥牌对你来说,一点儿也不难。"

汤姆还没来得及拒绝,就已经被柯立芝拉到了桥牌桌前。在玩这个游戏的过程中,柯立芝不断地给汤姆以指点和欣赏。他说:"汤姆,你出牌很有水平呀,我都不敢相信你是第一次打桥牌哩!"

在柯立芝的欣赏声中,汤姆摆脱了没有玩过桥牌的畏难情绪,他轻松地参加了游戏,在游戏中玩得很开心。可以说,汤姆在桥牌方面还是有一定的潜力的,如果他一直不敢去尝试,可能就一直不会玩桥牌。当他得到柯立芝的鼓励和欣赏之后,他就能轻松地加入游戏,不感觉到难了。

美言美语

> 欣赏可以在无形中给人以力量,让人挖掘自己的潜能,摆脱畏难和犹豫情绪。在潜能的发挥过程中,欣赏就是推动力,足以让人们发现自己的特长和优点,找到自己的突破点,走向成功。假如我们激励自己所接触的人,让他们发现自己潜在的能力,那么我们所做的,可能不只是改变他们对自己的看法,而是改变了他们一生的命运!

送给他人最真诚的赞赏

俗话说："心诚则灵"。同样，真诚的赞赏才能打动他人。真诚的赞赏是发自心灵深处的，是心灵的表达，是对他人的羡慕和钦佩。只有真诚的赞赏才能收到良好的效果，才能使对方受到感染，发出共鸣。

真诚是交往的最基本的尺度，如果赞赏不是出自真诚，就显得没有根据，容易令对方费解、误解，引发戒备防范的心理反应。为避免这种误会，你必须确认并坚信你所赞赏的对象确实具有你所赞赏的优点和长处，而且你必须诚心诚意地敬慕、佩服，这样，你的赞赏之语才是有感而发，不至于凭空捏造。

真诚的话语具有很大的震撼力，它能拉近人与人之间的距离，甚至能化干戈为玉帛。人们常说："精诚所至，金石为开"。就是讲要诚心诚意对待他人。

戏剧《诸葛亮吊孝》中，诸葛亮就是用真诚的赞赏感动了东吴上下，化解了恩怨，巩固了孙刘两家联合抗曹的统一阵线。

东汉末年，三国鼎立。孙权和刘备联合抗击曹操，时而联合，时而斗争。在蜀吴两国的结盟关系中，吴国的谋士周瑜和蜀国的谋士诸葛亮也展开了智与勇的较量。

在联合抗曹取得一定胜利后，为了荆州的问题蜀吴双方闹起了别扭。诸葛亮定计"三气周瑜"，结果使周瑜一命呜呼。东吴上下因此对诸葛亮恨之入骨，决心要杀死诸葛亮为周瑜报仇。孙刘两家的盟友关系也经受了严峻的考验。

为了不使两家分裂并结成仇恨，诸葛亮要亲自到柴桑口为周瑜吊孝。刘备一方的君臣坚持劝阻，认为诸葛亮一去必然要被东吴杀害。诸葛亮分析：周瑜死了之后，鲁肃就会执掌东吴的大权。鲁肃是个深明大义的人，不会做出鲁莽的事情；东吴要在江东站稳脚跟，也必须和刘备联合。孙权、鲁肃都不会拿他们的江山开玩笑，蜀国也需要通过这次吊孝化解双方的怨恨。加上由赵子龙这位智勇双全的将军随身保护，即使出现点儿意外，也将是有惊无险的。诸葛亮说服众人，过江去了东吴。

到达柴桑口之后，鲁肃果然非常礼貌地接待了他。诸葛亮到了灵堂，痛哭着跪在周瑜灵牌之前，献祭文，盛赞周瑜的功勋。在诸葛亮的吊孝祭文中，几乎全是对周瑜的赞赏：

呜呼公瑾，不幸夭亡！惊闻噩耗，痛断肝肠！
闻君仙逝，江河凝滞，闻君仙逝，星月无光。
君如有灵，听我哭诉，君如有灵，享我蒸尝。
吊君幼学，以交伯符，开创霸业，威震三江；
吊君少壮，远镇巴丘，统领三军，讨逆无忧。
吊君风度，佳配小乔，伉俪贤美，佳话流芳。
吊君气概，谏阻纳质，始不垂翅，终能奋翼！
吊君鄱阳，蒋干来说，挥洒自如，雅量高志。
吊君弘才，筹略安邦，赤壁火攻，力挫敌强！
想君当年，雄姿英发，哭君早逝，泪如血浆。
悲哉公瑾！惜哉公瑾！忠义之心，名垂百世。
英灵之气，万代流芳。哀君思君，悲恸欲绝。
昊天昏暗，大地蒙霜！三军失帅，怆然泪涌。
明主哀泣，痛失栋梁！
亮也不才，丐计求谋，助吴拒曹，辅汉安刘。
犄角之援，首尾相俦。若存若亡，何虑何忧？
呜呼公瑾，生死永别。冥冥无际，世事茫茫。
魂如有灵，以鉴我心。从此天下，知音何方？

诸葛亮情真意切，泪流不止，得到了东吴将士的谅解。小乔见诸葛亮哭诉前情，深受感动，对生杀二字难下决断。诸葛亮借机重申："应遵循赤壁之约，牢守孙刘之盟，协力同心，共抗曹兵。"

诸葛亮吊孝为什么能取得这样的效果？那就是他真诚的态度。诸葛亮在祭文中盛赞了周瑜"开创霸业"、"远镇巴丘"、"智斗蒋干"等事迹，从风度、气概、弘才等方面一一道来,让人感受到他对周瑜才能的真诚钦佩。他一边诉说两人联合抗曹的谋略,一边长叹周瑜一死没有了共同谋划之人,令所有在场的人都非常感动。正因为诸葛亮的认真诚恳,所以东吴的将士们才能放他安然归蜀,与他共商抗曹大计。

美言美语

> 赞赏应该以真诚为前提,虚假的、带有功利性的赞赏让人避而远之,真诚的赞赏才能流露出真情。赞赏必须是真心实意的,只有情真意切才具有感染力。

不妨戴戴"高帽子"

美国第十六任总统林肯说:"人人都需要欣赏,你我都不例外。"的确,人人都需要欣赏。不管是小孩儿还是大人,不管是年轻人还是老人,不管是凡人还是伟人,都渴望受人尊重,被人欣赏。

在古代,过分夸张的赞美被人们认为是一种投机取巧的方式,叫做戴"高帽子"。关于"高帽子"一说,还颇有渊源。

古人对"头"非常重视,对头上的装饰、器物也很看重,最早涉及的就有帽子。古代男子成年要行"冠礼",即把头发往当中梳,并在当中盘起来,并戴上一个帽子,再插上一根签,这就意味着成年了。女子成年时要行"笄礼",在头发上插一根簪子。所以,在古代,女子是否成年、是否婚配都是能够凭借发型、服饰来辨别的,不像现代,从15岁到40岁,在外形上基本都分不清。就是这么一个"冠礼",也是有等级分别的。在周代、秦代、汉代,只有贵族的男子才能行"冠礼",能戴上帽子,而平民百姓则只能戴头巾。所以,对于当时的人来说,如果能有一顶"帽子"戴,那就是"高贵"了不少。

人们常说的"高帽子"的典故,出自清朝的《笑笑录》。据《笑笑录》

中记载：

世人都称善于谄媚他人的行为是"戴高帽子"。曾经有两个书生，在考中后要被派到外地去当官。两人一同去见老师。老师说："现在世道风气不好，你们两个去做官，只需要逢人就送一顶'高帽子'，这样就可以官场无忧了。"

其中一个学生回答说："老师的话说得太对了。现在这个社会，像老师这样不喜欢'高帽子'的人能有几个啊！"老师听了非常高兴，觉得这个学生真是"孺子可教"。

出门之后，这个学生对另一个书生的说："你看，我已经送出去一顶高帽子了！"

从"高帽子"的典故中可以看出，即使是再正直的人，也难以抗拒"高帽子"的诱惑。这位老师从骨子里讨厌恭维、拍马屁的行为。但是，从他的内心需要来说，他并不排斥赞赏。他认为自己讨厌高帽子，却在学生夸奖自己之时，忍不住接受了这顶高帽子，对学生的话表示赞同。

可见，人们从心底里都是需要被欣赏，认同赞赏的。有时候，我们以为自己厌恶恭维，实际上，我们只是讨厌恭维的方式罢了。如果我们在接受赞赏时，感受到对方的露骨和夸张，就会觉得是在拍马屁，很不喜欢；但当我们接受到得体、含蓄、适当的赞赏时，就会觉得很受用，很愉快。

有这么一个笑话：从前，有个秀才对别人专说赞美恭维的话，被人称为"马屁精"。

那个秀才死后，阎王要割去他的舌头，把他打入十八层地狱。阎王命小鬼拘来秀才阴魂，对秀才大声斥责："你为什么要恭维拍马？我最痛恨的就是这种人。我要把你割去舌头，打入地狱！"

秀才连忙叩头说："大王息怒，小的实在出于无奈，世人都爱听奉承话，小的不得不如此。像大王您这样公正廉明，明察秋毫，谁敢说半句恭维话呢？"

阎王听罢得意地说："对我说恭维话，谅你也不敢！既然这样，那就免去你的割舌之刑，留在殿中听候调用。"

阎王原本想要惩罚喜欢说恭维话的秀才，却在听了秀才对他的赞赏之辞后马上改变了主意，不但免去了对秀才阴魂的刑罚，而且还留他在殿中候用。因此可见"高帽子"的妙用，不但可以使凡人愉悦，而且能让阴界的阎王爷也为之动心。

虽然是一则笑话，但却说明了一个道理：人人爱听赞赏之辞，恭维话到处适用。虽然很多人对戴"高帽子"的行为嗤之以鼻，但是在接到"高帽子"的时候却欣喜若狂。

为什么"高帽子"能起到如此奇妙的效果？这是因为人性中有一种接受赞赏的虚荣，这是一种正常的心理需要；既然虚荣是人性中最正常的一种需要，那么，接受"高帽子"也就在情理之中，而给人戴"高帽子"也只是投其所好罢了。

因此，戴"高帽子"也未尝不可，只要戴得合时宜，戴得巧妙，不损人而利己，也就无可厚非。在现实生活中，戴"高帽子"的做法常被人耻笑，主要是因为有的人的"高帽子"做得太拙劣，让人一看就觉得低俗，难以接受；有的人用"高帽子"去图一己之私利，结果引起众怒。这些"高帽子"，都违反了赞赏的技巧和原则，是很滥的"高帽子"，所以让人反感。

> 如果"高帽子"做得精致，做得美观，让人戴着舒服，那么，对方就会乐于接受，愿意佩戴了。

要热情洋溢地去赞赏

最崇高的赞赏是真诚的、洋溢着真情的，这种赞赏能打动人，让人感受到赞赏的力量。

诗歌一直被认为是最能抒情的文学体裁之一，"一切景语皆情语"，说的就是句句留情，字字表意。在中国古代，很多的赞赏就是用诗歌来表达和传递的。

从远古的时候起,中国人就以诗抒发感情。"关关雎鸠,在河之洲。窈窕淑女,君子好逑"。是赞赏女子的风采;"静女其姝,俟我于城隅"。是赞赏女孩儿的含羞不语和秀丽;"颈如蝤蛴,手如柔荑,肤如凝脂,齿如瓠犀,螓首蛾眉,巧笑倩兮,夏目盼兮"是赞美卫庄公夫人之美的媚状。近代诗人的赞美更是自由挥洒、语意浪漫,戴望舒的"她有着丁香一样的颜色,丁香一样的芬芳",表达了对雨巷中的女孩儿的美的欣赏;郭沫若的"姑娘呀,啊,姑娘,你真是慧心的姑娘!……啊,姑娘呀,你便是这花中魁首,这朵朵的花上我看出你的灵眸",更是对女子的大胆而热烈的赞赏。

这些表达赞美的诗歌如此流传久远,就是因为它们表达了人们内心深处的情感,在字里行间洋溢着真情。

在现代赞美诗中,有一首表达对母亲的爱的诗特别著名,诗中表达的乳母对养子的爱和养子对乳母的爱让读者心动、感动,这首诗就是诗人艾青的《大堰河,我的保姆》。

这首诗是艾青在监狱里所作。1932年7月,艾青因为参加进步活动而被国民党反动派关进监狱。1933年1月的某一天早晨,艾青透过监狱的窗口,看到漫天飘起了大雪。这使他想起了自己的身世,想到了已经长眠于九泉之下的保姆大堰河,往事涌上心头,他写下了这首诗。

全诗用一咏三叹的语调叙述了大堰河的勤劳朴实,在诗句中渗透着对大堰河的无私母爱的赞美。在作者的笔下,乳燕衔泥般的母子亲情洋溢而出,生动感人。

> 大堰河,是我的保姆。
> 她的名字就是生她的村庄的名字,
> 她是童养媳,
> 大堰河,是我的保姆。
> 我是地主的儿子;
> 也是吃了大堰河的奶而长大了的大堰河的儿子。
> 大堰河以养育我而养育她的家,

而我，是吃了你的奶而被养育了的，
大堰河啊，我的保姆。
大堰河，今天，你的乳儿是在狱里，
写着一首呈给你的赞美诗，
呈给你黄土下紫色的灵魂，
呈给你拥抱过我的直伸着的手，
呈给你吻过我的唇，
呈给你泥黑的温柔的脸颜，
呈给你养育了我的乳房，
呈给你的儿子们，我的兄弟们，
呈给大地上一切的，
我的大堰河般的保姆和她们的儿子，
呈给爱我如爱她自己的儿子般的大堰河。
大堰河，
我是吃了你的奶而长大了的，
你的儿子，
我敬你！
爱你！

　　艾青对大堰河的尊敬、爱和赞美都深深地传递于他的描述和诗句之中。他对大堰河的母爱的赞美抒发得温柔而细腻，让读者读来心醉：大堰河轻轻地呼唤，"如爱自己的儿子般"。每天辛勤劳作之后，她总要把养子抱在怀里，慈爱地"抚摸"。当她的乳汁流干，乳儿被亲生父母领回家时，她是那样依恋不舍。以后，在每个年节里，她总要为养子做米花糖，为的是养子能悄悄地来到她身边，叫她一声"妈"。她还把养子画的大红大绿的画儿，"贴在灶边的墙上"，为的是"对她的邻居夸口赞美她的乳儿"。

　　为什么诗能感动人？因为情在诗中真挚地流淌。大堰河的无私母爱、艾青的赞美，都不是空喊口号，而是满含深情的表白，源于对往事历历在目的细节的陈述，源于对大堰河的言行笑貌的深切怀念。没有情真意切，写不出如此饱含深情的诗句；没有心底最真的感受，写不出如此动人的篇章。

 美言美语

> 赞美离不开真情，在真情实感触动下表露出来的赞美最动人。它融感情、细节、激情于一体，饱含着泪水和思念，打动着读者的心。

给出色的人以真心的赞赏

每个人都需要他人的真心赞赏，出色的人也不例外。很多出色的人更敏感，更在乎别人对自己的评价，当他们接受到负面的评价时，受到的打击和创伤比普通人更重；而如果他们得到了表扬，他们就会更自信、更努力，也会创造出更大的成就。

很多天才都是在他人的赞赏声中被发现的。如果没有他人真心的赞赏，优秀的人才、优秀的稿子、优秀的作品都有可能被时间埋没。善于赞赏的人，在付出赞赏的时候，也成了时代的功臣。因为他们伯乐般的眼光，留住了时代的精华之作，留下了珍贵的文化遗产。

1852年，俄国著名作家和诗人、《现代人》杂志主编涅克拉索夫，收到了一部名为《童年》的手稿。但是，不知何故，作者在手稿末页和信中，只署上了自己的姓名的缩写字母。

涅克拉索夫在看完手稿后，觉得写得十分出色，于是决定发表。由于不知作者的全名，所以作品发表时，只能按作者留下的姓名缩写署名。

这是文学巨匠托尔斯泰的第一部作品。尽管作品写得很好，但是由于缺乏信心，他却不敢署真名。幸好，涅克拉索夫是一个真正的"伯乐"。在发表这部作品的同时，他还向屠格涅夫等著名作家推荐，说："留神一下《童年》这部中篇小说吧！看来，作者是一个新的、大有希望的天才。"

涅克拉索夫的推荐和赞赏迎来了《童年》的春天，也激发了托尔斯泰的创作潜力。很多著名作家在看到涅克拉索夫的推荐和赞赏后，都纷纷阅读这部被涅克拉索夫赞赏的作品。这些著名作家看完《童年》后，对这部作品交口赞誉，并写出了很多关于《童年》一书的评论。

当时，年轻的托尔斯泰正在高加索山地服役。一天，他偶尔读到了一篇对他的作品的评论文章，而评论者也是一位著名的评论家。托尔斯泰读着那些赞赏的言词，狂喜和眼泪几乎使他窒息，他感受到了赞赏的神奇力量，对自己有了信心，并有了无穷的写作欲望。

处女作获得的巨大成功，使本来胆怯的托尔斯泰对未来充满了信心，他更加潜心于写作，不断地提高自己。从此，世界文坛上多了一颗耀眼的明星。

涅克拉索夫的赞赏和推荐成就了托尔斯泰的写作之路。在涅克拉索夫的赞赏之前，托尔斯泰是那么的不自信，那么的胆怯；而在得到众多名家的表扬和称赞之后，托尔斯泰敢写了，敢于面对自己了，他后来写作的《安娜·卡列尼娜》、《战争与和平》、《复活》都成为深受世界读者喜爱的名著。他在文学上的成就得到了人们的高度评价。列宁称赞托尔斯泰是"俄国革命的镜子"；托尔斯泰的创作是"全人类艺术发展中向前跨进的一大步"；鲁迅评价托尔斯泰是"十九世纪俄国的巨人"。

如果没有当时的涅克拉索夫和其他著名作家的赞赏，托尔斯泰不会那么早就感受到写作的乐趣，那么，他的创作高峰，也许会来得更慢、更迟。

美言美语

> 只要肯定他人的特殊能力，高度地给予评价，任何人都会乐于将其优点表现得淋漓尽致。给每一个出色的人以赞赏，那些赞赏之词可以使他更优秀、更杰出。用赞赏来激发杰出者的潜力，留下的是有益于社会的作品，赞赏者也会因为善识珠玉而流芳后世。

用赞赏的方式说服对方

在人际交往的过程中,有些人为了说服他人大费周折,他们引经据典、旁征博引,希望得到对方的认同,而结果却总是不如所愿。当他们提出自己的观点时,往往被对方当场反驳。有的虽然表面接受了,但心底里却并不赞同。

其实,改变他人见解的最好方法就是赞赏。在赞赏中,让对方感受到更多的得意、更少的敌意和失意,因而改变起来会顺理成章。

美国第二十五任总统麦金莱是一个懂得赞赏艺术的人,他在1896年竞选总统时,就巧妙运用赞赏的方法表达了自己的意见。

当时,共和党内的一位重要议员,绞尽脑汁,撰写了一篇演讲稿。这位议员觉得自己写得很不错,便志得意满地在麦金莱面前先朗诵一遍。虽然这位议员自认为这篇演讲稿是不朽之作,事实上,这篇演讲稿却有很多的缺点。麦金莱听后,感到这篇演讲稿并不妥当,如果发表出去,可能会引起外界的不好的评论。

面对这种情况,麦金莱感到有些为难。直接指出对方的缺点吧,会打消他的一番热忱;肯定这篇演讲稿吧,麦金莱觉得又是唯心之论。关键时刻,麦金莱想到了用赞赏的方法来改变对方的见解。

麦金莱看着满脸洋溢着自得之情的共和党议员,说:"我的朋友,这真是一篇罕见的、精彩绝伦的演讲稿,我相信再也不会有人比你写得更好了。就大多数场合来说,这确实是一篇非常适用的演讲稿。可是,在某种特殊的场合下,这篇演讲稿还需要改动一下才会更好。

"以你的观点来看,你这篇演讲稿当然不仅适用于任何场合,而且还显示出非凡的效果来。可是从全党的立场来看,这份演讲稿发表后会产生很大的影响。现在你回家去,按照我所特别提出的那几点,再撰写一篇,并送一份给我。"

这位共和党议员照做了,麦金莱用蓝笔把他的第二次草稿再加以修改后才发表。因为演讲稿的内容更完善,这位共和党议员在竞选活动中获得了成功,成为麦金莱最得力的助选员。

麦金莱先肯定了共和党议员所写的演讲稿的精彩之处,让共和党议员觉得自己是很有能力和实力的。然后,再要求他根据当时的形势加以修改,并对如何修改提出了自己的意见;这样,共和党议员就乐意地把自己的"杰作"修改得更完美了。如果,麦金莱在最初听到共和党议员的演讲后表现出很不满意,直接批评他的文章中的不足之处,那么共和党议员可能觉得热情受到重创,很难坦然面对麦金莱的修改要求了。

高明的说服技巧是把赞赏融入说话过程中,让对方轻易地改变主意、听从劝告。在赞赏声中,对方根本不会去细辨事情的真相和话语的真假,他们愿意相信这些赞赏,也愿意按照赞赏去改变自己的行为。

利士纳是美国派驻法国的指挥官,他的手下有20万美国兵,这些士兵在驻留期间并不严格遵守纪律,有的甚至做出很多违反军规的事情来。

为了改变这种状况,利士纳采用了赞赏的方法。当时,美国最受欢迎的将军之一是哈巴德。于是,利士纳在一次全军动员会议上对士兵们说:"哈巴德将军认为,驻守法国的20万美国兵,是他所接触过最合乎理想、最整洁的队伍。"

这句赞赏之词给士兵的震撼非常大,他们纷纷以得到哈巴德的赞赏为荣,并以"最合乎理想、最整洁"的标准来要求自己,整个军队风气都有了很大的改善。

利士纳是聪明的,他没有直接提出要求,而是以哈巴德将军的赞赏来激发士兵的荣誉感,达到了整顿军纪的目的。

生活中,赞赏也可以轻易地改变一个人的行为,让他按你希望的方式来行动。某些时候,赞赏甚至可以改变他人的命运。

作家雷布利克在她的《我和梅脱林克的生活》一书中,曾叙述了一个低卑的比利时女佣的惊人改变。她写道:

"隔壁饭店里有个每天替我送饭菜的女佣,她的名字叫做'洗碗的玛丽'。之所以会得到这个绰号,是因为她最早的工作,是厨房里的一个助手。她那副长相真古怪,一对斗鸡眼,两条弯弯的腿,身上瘦得没有四两肉,还总是一副无精打采、迷迷糊糊的样子。

"有一天,当她端着一盘面送给我时,我坦白地对她这样说:'玛丽,你知不知道你拥有内在的财富?'玛丽平时似乎有克制自己感情的习惯,她总是小心翼翼,似乎怕会招来什么灾祸似的,不敢做出任何欢喜的样子。听了我的话,她把面放到桌上后,才叹了口气说:'太太,我是从来不敢想到那些的。'她没有流露出怀疑之情,也没有提出更多的问题,她只是回到厨房,反复思索我所说的话,深信我不是在开她的玩笑。

"从那天起,她就开始变得不一样了。在她谦卑的心里,已起了一种神奇的变化。她相信自己是被人遗忘的珍宝,她开始注意修饰她的面部和身体。她那原来枯萎了的生命,渐渐洋溢出青春般的气息来。

"两个月后,当我要离开那地方时,她突然告诉我,她就要跟厨师的侄儿结婚了。她悄悄地告诉我:'我要去做人家的太太了!'她向我致谢,因为我只用了简短的一句话,就改变了她的人生。"

雷布利克给了"洗碗的玛丽"一些赞赏,改变了玛丽自卑、谨小慎微的生活状态,她不再因为自己的古怪的长相而自卑,并洋溢出青春的气息。一句赞赏之词带给玛丽的是人生的改变,她摆脱了自卑,赢得了爱情。

用欣赏来改变他人的见解,往往比劝告、说服来得更简单、更容易。在赞赏的过程中,没有火药味,没有创伤力,对方感受到的是和风细雨,因而会更容易改变方向和听从建议。

赞赏的话要说到点子上

说话是双方交流的艺术,要想对方愿意听,就要挑他人喜欢的说。先摸准对方的需要,说出来的话才能受人欢迎。

人与人所处的环境和地位不同，心里所想的事情也不一样。对于一件事，上级和下级会从不同的角度去考虑，男人和女人会以不同的观点来理解。即使是夫妻同心，也会有不同的感受。在欣赏他人时，要从他人的角度去考虑问题，顺着他人的思路和想法去表达。

魏征是唐太宗手下难得的谏臣，他对唐太宗一向直言不讳，曾先后进谏多达200余次，大多直陈太宗的过错。为什么魏征的"逆龙鳞"的话能被唐太宗接受呢？这其中一个很重要的原因就是，魏征善于从唐太宗的角度来考虑问题，把话说到皇帝的心里。

魏征经常对唐太宗进谏，唐太宗在文武大臣之前经常称他为"忠臣"。但魏征觉得"忠臣"一词用得不妥。

有一次，魏征进宫谒见太宗，低着头说："老臣一向为国鞠躬尽瘁，往后也会坚守岗位，不负陛下所托。但是请陛下不要把老臣视为忠臣，还是视为良臣吧！"

唐太宗觉得非常惊讶，便问道："忠臣与良臣，有何不同呢？"

魏征说："自然有所不同。所谓良臣，非但其本身可受世人称赞，而且也可以为君主带来明君的隆誉。但是，忠臣就不一样。忠臣非但自己会遭受诛杀的横祸，而且君主也会背上暴虐无道的罪名，国家也会灭亡，最后也许只留下'忠臣'的名声流传后代。由此可见，良臣与忠臣真是有天壤之别！"

唐太宗听了大受感动，说："我知道了。希望你能信守刚才的话，我也会小心谨慎，以免有所失误。"并赐给魏征一份丰厚的奖赏。

为什么唐太宗听完这一段话后会受到感动呢？这就是因为魏征巧妙地用"自己甘愿做良臣"的理由，来维护"明君的隆誉"。当唐太宗听到魏征所想的、所考虑的都是为自己着想时，他自然而然就不会对魏征的话产生反感，而是被魏征的忠心耿耿深深感动了。唐太宗不但接受了魏征的建议，还给他以奖赏。

摸准对方的喜好，然后说出你的赞赏，就能收到好的效果。对一个爱美的女性夸奖她漂亮，她会开心愉快，满面春风；对一个事业成功的男性夸奖他事业有成，能力超凡，他会自信满满，斗志高昂。赞赏的话要根据对方的需要而发，挑选对方最想听的话。

波兰钢琴家、作曲家伊格纳齐·杨·帕德莱夫斯基在年幼的时候非常想学习钢琴，但是他的手指太短，而且又粗又硬，不适合练钢琴。那时候，帕德莱夫斯基非常渴望得到他人的赞赏和鼓励，但是，过了很久也没有等到。

帕德莱夫斯基的老师深表同情地说："弹钢琴的手指要修长而有弹性，活泼而灵巧。我想你还是选择别的乐器吧！"

帕德莱夫斯基听后，非常伤心。他对音乐的痴迷和热爱与他的自身条件的不足形成反差，他痛苦，他犹豫。在几经选择之后，他想到改学短号。

然而，这一次方向的改变并没有实现帕德莱夫斯基的音乐梦想。他的嘴唇不属于那种浑厚有力的类型，他调整气息时的停顿让短号老师失去信心。

帕德莱夫斯基非常伤心，他想，他可能只能与音乐擦肩而过了。

"山重水复疑无路，柳暗花明又一村"。就在帕德莱夫斯基茫然失措的时候，一个偶然的机会，他遇到了伟大的钢琴家安东·鲁宾斯坦。鲁宾斯坦送给帕德莱夫斯基一种他一直没有从别人那里得到的声音——掌声和喝彩。

"年轻人，"鲁宾斯坦说，"你当然有能力学好钢琴！我认为你可以，假如你肯每天下工夫练习7个小时。"

"你当然有能力学好钢琴！"这句话已经包含了帕德莱夫斯基所需要的一切！

就这样，帕德莱夫斯基开始忘我地学琴练琴。许多年过去了，他的艰苦努力终于获得了回报，他成为那个时代世界上最著名的钢琴家之一。他不但在音乐上有卓越的成就，而且还是一位杰出的政治家，是波兰的第一任总理。

安东·鲁宾斯坦的那一句鼓励的话为什么能产生如此强大的力量？因为他的鼓励和赞赏直接说到了帕德莱夫斯基内心深处的渴望，点燃他内心深处的激情。当帕德莱夫斯基在面对钢琴觉得自己没有条件的时候，当帕德莱夫斯基在学习也感觉力不从心的时候，他终于等到了自己一直企盼的鼓励和赞赏。安东·鲁宾斯坦的赞赏像清冽的甘泉，滋润了帕德莱夫斯基干渴的心灵。于是，他从中得到了勇气和信心，找到了方向。

如果，鲁宾斯坦鼓励的不是关于学钢琴的事，不是男孩帕德莱夫斯基最感兴趣的事，那么，这个赞赏和鼓励也不会产生这么强烈的效果。

 美言美语

> 成功学大师拿破仑·希尔说："赞赏具有一种不可思议的推动力量，对他人的真诚赞赏，就像荒漠中的甘泉一样让人心灵滋润。赞赏时一定要了解对方心底深处的渴望，把赞赏说到对方最想听的地方，这样，赞赏才能发挥最大的效果，起到最大的作用。

发自内心的赞赏最感人

世界上最能打动人心的话语往往是发自内心的话语，最能感动人的声音也是发自内心深处的声音。赞赏要动之以情，关键是要发自内心，让对方感受到你从心底里发出的赞赏之音。

最能打动人心的往往是饱含真情的言行。赞赏也是一样。当有些人千方百计寻找华丽的辞藻来修饰赞赏之词时，发自内心的真诚的赞赏却轻而易举地捕获了被赞赏者的心。有句广告词是：沟通从"心"开始。同样，赞赏他人也要从"心"出发，这样的鼓励才是最珍贵的，取得的效果也一定是最好的。

发自内心的言语和行动是最感人的，最能传递真情，最能使听者感受其意。当饱含真情的赞赏传递出来的时候，会感动了接受到它的人。

台湾女作家三毛是一个敢作敢为、敢爱敢恨的女子。三毛跟随丈夫到撒哈拉沙漠，在艰苦的环境中快乐地生活。自从丈夫荷西意外死亡之后，三毛伤心欲绝。

很多读者劝三毛放弃思念，重新走入新的感情生活。为了感谢读者对她的关心，三毛写了《野火烧不尽》一书，回应读者的建议。在书中，三毛写道："请求你，给我一份自己选择的权利；请求你，不要为着自己一点蝇头小利而处处麻烦人……不要强迫我回信，不要单个的来诉说你个人的伤感，要求支持。"三毛将稿子发表了，但她内心的伤感依然不减。

有一次，三毛到台湾彰化演讲。在灯火灿烂的舞台上，三毛不顾疲惫和饥饿，微笑着站在舞台上，对着黑压压的听众，诉说着自己的感受。她把自己曾经痛哭长夜的经历告诉听众，并说自己已经战胜了悲伤，重新找回了自由的灵魂。

三毛演讲完毕，台下响起了雷鸣般的掌声，大家都对她表示支持和鼓励。这时，从第一排的座位上走出一个腿有残疾的女孩儿，她一拐一拐地走向舞台。她的左手弯着，不能动，右手伸向三毛，递上一只小皮套子。

"你要送给我什么呢？"三毛问。

"我要送给你一枚印章。"

"刻的是什么字？"三毛将自己的双手伸向女孩儿。

"一句诗：'春风吹又生'。我自己刻的——给你。"

一瞬间，来自女孩儿内心深处真挚的爱传递到了三毛的心中。三毛看着这个行动不便，只有一只手的女孩儿，泪水如泉般涌出。这么多年来，她听到过无数赞美，但是，这一次的礼物却让她刻骨铭心。

当女孩儿走回位置重新入座的时候，全场的人都对她报以久久不息的掌声。

在所有的支持和鼓励之中，这个女孩儿的表达方式感动了三毛。因为女孩儿尽自己最大的努力表达了对三毛的尊重、敬意、赞赏。她的行动代表了所有的希望和期待，她的印章表达了对三毛的深深祝福。

在说话的艺术中，发自内心的话语是最具有感染力的。当说话者的情绪是自心中有感而发时，就能让对方感同身受，深刻领悟。

荷兰物理学家彼得·塞曼在大学一年级时十分贪玩，他被花花绿绿的城市生活迷惑了，追求穿着、游乐，物理竟然不及格，被人称为浪荡公子。他的母亲看到成绩单后，百感交集，泪流满面。

彼得·塞曼的母亲想劝告自己的儿子，但是，她知道，单纯的说教并不会起到很好的效果。于是，她给儿子讲了一个有关家乡的往事：

彼得·塞曼的家乡原来位于西海岸的一个半岛上，那个小岛经常受到海浪的侵袭。

1860年5月24日午夜，海坝决堤，小岛又遭到了海浪的冲击。洪涛中，有一个孕妇在拼命挣扎。她已经快要临产了，硕大的肚子在海水中浸泡，非常危险，而海浪的冲击又让众人不敢靠近。但是，为了母子的生命安全，人们纷纷投以援手，费了很大的力气才把这个孕妇救上岸来。

几天之后，这个孕妇生下来一个男孩，他的名字就叫做彼得·塞曼。

讲完这段经历后，彼得·塞曼的母亲不无悲哀地说："早知塞曼是个平庸的人，我当初就不必在海浪中拼搏努力了。"

彼得·塞曼听完母亲的话，羞愧万分。他暗暗下决心要努力学习，做一个有用的人。毕业时，彼得·塞曼成绩优异，31岁时，在老师的帮助下，在物理学上取得了重大成就。1902年，他和老师同时获得诺贝尔奖金。

彼得·塞曼之所以在听到母亲的诉说后马上转变了学习的态度，是因为母亲的话深深地打动了他。彼得·塞曼的母亲发自肺腑的诉说和悲哀让他感到了生命的来之不易，他对自己随意浪费时间的行为进行了反思，并改正了错误。

最能打动人心的，往往是发自内心的声音。虽然人人都喜欢听赞赏的话，但并非任何赞赏都能使对方高兴。能引起对方好感的只能是那些基于事实、发自内心的赞赏。相反，如果无凭无据、虚情假意地赞赏别人，对方不仅会感到莫名其妙，更会觉得你油嘴滑舌、狡诈虚伪。

> 学会用心去赞赏，赞赏才会成为一块成色极好的宝石，为你折射出大千世界的绚丽，让你看到真、善、美，享受到缤纷与绚烂。

用赞赏收获美好人生

在所有的交往中,人们都无法抵抗来自对方真诚而得体的赞赏。赞赏敌人,敌人变成朋友;赞赏朋友,朋友成为知己。

赞赏是一种认可,认可是良好沟通的开始。在现实生活中,每个人的心中都有一把无形的尺子,我们每接触一个人,都会用这把尺子去衡量,看他是不是讨人喜欢。懂得赞赏,能轻易地让人喜欢。

用赞赏激发男性的雄心和信心

人们常说:"每一个成功的男人身后,都有一个伟大的女人。"这个女人,不仅在男人成功的时候与他分享快乐和幸福,而且在他成长的过程中,给予他支持和力量。而这种支持,更多的便来自赞美。

男性是自信和力量的代表,但是,当他们遇到挫折时,很可能会因为挫折而意志消沉、一蹶不振。这个时候,如果他的身边有女性的赞美和支持,他就能更快地走过这段低落时期,找到自己的奋斗方向。

阿根廷前总统庇隆的夫人玛利亚·埃娃·杜阿尔特·德·庇隆是一位传奇式的女性。在阿根廷乃至整个拉丁美洲,她的知名度都很高,有许多文章、书籍乃至电影专门讲述她的故事。她英年早逝,在人世间只活了33岁,但她在阿根廷现代史上的影响,没有任何其他女性领袖能望其项背。即使在她去世半个世纪之后的今天,人们仍能经常感受到她的存在。

埃娃·庇隆是一个懂得赞美的女人,她在庇隆总统犹豫和动摇的时候,不断地鼓励他。

美丽的埃娃与庇隆相遇相恋后，引起了阿根廷上流社会的一番震荡。由于埃娃出身贫寒，并曾经利用自己的艳丽姿色从事表演行业，上流社会不能接受她，将她称为"出身贫贱、不择手段的放荡女人"。

但埃娃丝毫不在乎上流社会鄙视的眼光，她热心地陪伴庇隆出席各种场合，与穷人握手交谈，用得体的举止和温婉的笑容征服了老百姓的心。她将鼓舞人心、笼络人心的天赋发挥得淋漓尽致。她不把中产阶级放在眼里，而是将社会底层人民当作"重点培养对象"，使庇隆的人气直线上升。她协助庇隆将"平等主义"的思想变成信条，形成有政治特色的"庇隆主义"，在阿根廷政坛刮起了"庇隆风暴"。

时局混乱的阿根廷不断发生暴乱和革命，庇隆遭到国内反对派的陷害，被关进监狱，身心疲惫的庇隆产生了放弃的念头，但埃娃却坚定地握住他的手鼓励他："要冷静！要坚持下去！你不能逃避，我相信你会成为这个国家的总统，成为挽救黎民百姓的人。"

埃娃的赞美和鼓励给了庇隆无穷的勇气。他从来没有想到过自己能够成为"挽救黎民百姓的人"，在埃娃的鼓励下，他更自信了，他相信他能做到，他要努力去做到。

为了营救庇隆，埃娃使出浑身解数，到全国各地宣传演讲，为庇隆争取民众支持。她将自己苦难的过去当作与穷苦人交流的工具，其中最著名的一段演讲是："你们的苦楚，我尝试过；你们的贫困，我经历过。庇隆救过我，也会救你们；庇隆会支持穷人，爱护穷人，如果不是这样，他怎么会对我宠爱有加？"

埃娃的演讲感动了阿根廷平民，在她的鼓舞下，全国各地爆发了游行示威，要求当局释放庇隆。在民众的强大支持下，庇隆重获自由。面对成千上万的欢迎人群，庇隆紧紧地拥住了埃娃，发自内心地高呼："感谢埃娃！感谢人民！"在那一刻，庇隆深深感受到了这个柔弱女子身上的无穷智慧和力量，他意识到，埃娃就是自己政治生涯的救星，他的生命中不能没有这个女人。他深信不疑埃娃当初的那句话："相信我，我是最适合你的女人，我的好会令你吃惊。"

1945年，庇隆和埃娃结婚。1946年，在埃娃的支持下，庇隆当选为总统，埃娃顺理成章地成为受民众爱戴的第一夫人。埃娃用自己的赞美和鼓励支持着庇隆的事业，并尽自己最大的努力支持贫苦人民。阿根廷的贫苦人民把她视为救星，她的画像在许多人家里与耶稣像同时贴在墙上。

在庇隆的政治生涯中，埃娃是最大的推动力量。她表现出对他的能力的绝对信任，对他的事业的坚定不移的支持，在埃娃的支持下，庇隆相信自己的确是能解救阿根廷人民苦难的总统，是一个能获得成功的总统。正是在埃娃的赞美和鼓励下，庇隆渡过了难关，当上了总统，实现了自己的政治抱负。如果没有埃娃的坚强和赞美，庇隆很难在困难的时候坚持下来。

美言美语

> 在男人遇到挫折和困难的时候，女性的赞美和鼓励有着独特的效果。它是支撑着男人傲然挺立的后盾，它是帮助男人保持能力和自信的隐形力量。

少提要求，多用赞美

女人最容易接受的方式是什么？当你想要达到某种愿望的时候，是直接向她提要求，还是以赞美的方式？

在很多时候，提要求只会让女人烦恼，她不愿意为了那些要求去改变。但是，如果她们听到赞美，就愿意自动地去达到他人希望的目标。所以少提要求，多用赞美的方式，让她自己来改变。

19世纪的维也纳，上层妇女喜欢戴一种筒高檐宽的帽子。她们进剧院看戏，仍然戴着帽子，挡住了后排人的视线。所以，后面的观众往往不满，剧院的经理也觉得这一问题很难解决。虽然剧院在广告牌上写出了请求观众取下帽子的建议，但是基本上无人理睬。

有一天，剧院经理想出了一个好办法，他在戏剧上映之前，站到台上说:"女士们请注意,本剧院要求观众一般都要脱帽看戏,但是,年老一些的女士——请听清楚——年老一些的女士,可以不必脱帽。"

令人惊讶的是,这场戏剧下来,全场的女性都自觉地把帽子脱了下来。

这位剧院经理非常懂得女性爱美、爱年轻的感情需要。她们谁也不愿意承认自己年纪老,所以纷纷取下了帽子。在这里,"取下帽子的行动"无形中与"你还年轻"的赞美联系了起来,所以观众们就都愿意自动取下帽子了。

试想,如果剧院经理一味地强调戴帽子对其他观众的不利影响,不但可能让女观众不乐意,而且还可能得罪女观众。而采用这种无形的恭维的方式,就轻而易举地化解了难题。

赞美是取悦女人最简单却又最有效的方法,如果能灵活运用,就能巧妙地达到自己的目的。

约鲁和太太的感情一直不是很好,他们有时当着孩子的面都忍不住争吵,有时还冷战一周之久。约鲁觉得太太固执己见,根本听不进自己的建议和要求,非常苦恼。一次,约鲁在跟朋友诉苦时,朋友告诉他一个方法:"赞美她,让她开心。"约鲁不太相信单凭赞美就可以解决自己的难题,但他还是打算试一试。

约鲁的太太和一群妇女参加了教学的一项自我改进活动,这项活动主要是为已婚妇女促进和了解夫妻之间的关系而进行的,其中的一项内容是,请丈夫帮她们列出他认为她可以做到却没有做到的6件事。

约鲁听到太太的请求,心里很高兴。他想:"如果我列出的6件事她能够做到,那我真是太高兴了。她需要改进的事至少有100件之多,列6件出来太容易了。"约鲁心里盘算着:"如果她对我母亲好一点儿,会更可爱;如果她在我上班回来之后,主动前来问候,我会觉得更温暖;如果她在我发脾气时能忍让一些,我会更舒服……"约鲁想着可以提出这么多的要求,让太太改变,心里很自得。他对太太说:"让我仔细想一想,明天早上告诉你。"

这天晚上,约鲁想了好多条需要太太改变的事情。但是,他心里却非常想试一试朋友提议的"赞美她,让她开心"的方法。他打算用这件事情来试验一下。

第二天清早,约鲁便打电话给花店,请他们送来6朵红玫瑰,并在花上附上一张卡片，上面写着："亲爱的，我想不出你需要改变的 6 件事情。我爱现在的你！"

约鲁一如既往地上班去了，傍晚他回家时，他发现太太在门口等他，看见他回来，太太扑到他的怀里，拥抱他很久、很久。约鲁跟太太回到家里，看到一桌他爱吃的饭菜。约鲁觉得很惊讶，自从他们有了孩子，太太就很少跟他主动亲昵，他每天回来，她总是一会儿忙厨房，一会儿忙客厅，并指使他拿这拿那。

在约鲁的微笑中，太太非常兴奋地告诉他自己在教堂中的成就感。太太说："在所有的答案中，我的答案是最精彩的。很多人跑过来对我说：'这是我听到的最体谅的话。你一定是一个优秀的妻子。'"

从那一天开始，约鲁感受到了太太的改变。她变得是那么的温柔而善解人意，她变得能干而且通情达理。约鲁体会到了赞美的好处，他们的感情甚至就像刚结婚的时候一样好。

美言美语

> "女为悦己者容"。女人愿意为喜欢她的人打扮，也愿意为赞赏她的人改变。在男人的赞美和欣赏中，女人会自动地朝着完美而努力。要想获得女人的好感，想让她成为你所欣赏的类型，那么，最有效的方法就是以你所期望的目标来赞美她。

赞美要有备而发

美国《幸福》杂志下属的名人研究会的研究结果表明：93.7% 的人认为，人际关系的顺畅是事业成功的最关键的因素，而赞美别人是处世交际最关键的课程。从某种意义上讲，学会赞美他人是事业成功的阶梯。

赞美是高效的交往艺术，但是却并非可以敷衍应付。要发出让对方重视的赞美，就要做到对他人深入了解，然后让赞美有备而发。

霍伊拉听说梅依百货公司有一宗很大的广告生意，便决定做成这笔生意。为此，他开始想方设法了解该公司总经理的兴趣爱好。

经过了解，霍伊拉得知，这位总经理会驾驶飞机，并以此为乐趣。于是霍伊拉在同总经理见面、互做介绍后，便不失时机地问道："听说您会驾驶飞机，您是在哪儿学会的？"一句话引发了总经理的兴致，他谈兴大发，兴致勃勃地谈起了他的飞机、他的驾驶经历。结果霍伊拉不仅得到了广告代理权，还荣幸地搭乘了一次那位总经理亲自驾驶的专机。

霍伊拉的赞美技巧在于，他在去见那位总经理之前，就刻意了解了他的兴趣爱好，所以在交谈的时候，选择了对方感兴趣的话题。可见，在赞美之前充分地了解对方，做到有备而发，赞美才会更得体。

1971年7月29日，为了扭转中美关系的僵局，美国总统尼克松派基辛格率代表团秘密访华。在准备工作中，尼克松多次设想代表团可能遇到的种种尴尬局面。他们认为，中方可能会大拍桌子叫喊"打倒美帝国主义"，勒令他们退出台湾；中方可能提起美国的侵略事件，会出现长时间的冷场，谈话也就无法深入。

但是，双方会面的实际情况大出他们所料。周恩来总理在钓鱼台国宾馆亲切会见了基辛格一行。周恩来微笑地握着基辛格的手，友好地说："这是中美两国高级官员二十几年来第一次握手。"

当基辛格把随行人员一一介绍给周恩来时，周恩来的赞美更出乎他们的意料。周恩来握住霍尔德里奇的手说："我知道，你会讲北京话，还会讲广东话。广东话连我都讲不好。你是在香港学的吧！"

周恩来又对斯迈泽说："我读过你在《外交季刊》上发表的关于日本的论文，希望你也写一篇关于中国的。"最后他握住洛德的手，"小伙子，好年轻，我们该是半个亲戚，我知道你的妻子是中国人，在写小说。我愿意读到她的书，欢迎她回来访问。"

周恩来的外交语言艺术一下子就征服了代表团的心；他们没有想到，周恩来对他们会如此了解和熟悉，他的赞美会如此贴切而让他们感动。基辛格一行的紧张心情由此缓解，这一次会谈，由严肃的外交转化为中美政府之间的亲切会谈。

从周恩来的简短赞美中，可以看出他对每一个来访者的特点和长处都有深入的了解。正是因为有了事前大量细心的准备，收集了基辛格一行的工作、生活资料，所以周恩来在赞美的时候，不但知道霍尔德里奇会讲广东话，而且知道斯迈泽写的日本论文，还知道洛德的妻子是中国人。知道了这些之后，周恩来针对每一个来访者发出的赞美就具体而真切，让对方觉得轻松自然了。

了解对方的兴趣爱好，不要放过每一个细小的点。有的人的兴趣是大事业、高深的研究，而有的人的兴趣可能是很小的事情，比如说，喜欢宠物。

麦克乌霍是一位园艺设计师，他接到单位通知，要去替一个在园林设计方面非常挑剔的法官设计园景。麦克乌霍非常担心自己能否正常地开展工作，因为前几个工人在设计之后，法官都不愿意签"满意"的反馈表，结果单位才把这个差事又派到了麦克乌霍的身上。

在正式进行设计之前，麦克乌霍特意向门卫了解了法官的喜好，知道了法官特别珍爱自己的宠物狗。

这一天，麦克乌霍前来商谈，看法官对园艺设计有什么要求。在商谈之前，麦克乌霍对法官说："先生，我看见你的狗了。它们真不错。我听说它们曾得过多次赛狗大会的蓝丝带奖章呢。"

麦克乌霍的话有了效果，那位法官闻言笑着说："是的，我喜欢养狗。你要不要参观我的狗舍？"

麦克乌霍花了差不多1个小时的时间，在他的带领下，参观了他的狗舍，看了狗得到的各种奖状。法官还拿出狗的血统证明书来，并一一指给麦克乌霍看，同时告诉他，这些狗之所以如此活泼、可爱，正是因为血统的关系。

最后，法官问麦克乌霍说："你有没有孩子？"

麦克乌霍回答说："有。"

法官接着问道："你的孩子喜不喜欢小狗？"

麦克乌霍肯定地回答道："嗯，是的。他很喜欢，不过暂时还没有找到合适的。"

法官点头说："那太好了，我送他一只。"

接着，法官详细地告诉麦克乌霍该如何饲养小狗，并说："我只是讲，你听过就忘了。让我写下来给你吧。"法官随即走进屋里，将他打算送出去的小狗的血统谱系和喂养方法，用打印机打印了出来。然后，他抱了一只价值数百美元的小狗送给了麦克乌霍。

很顺利地，麦克乌霍的园林设计方案得到了法官的赏识。因为他们更多地谈论的是养狗的心得，法官的注意力根本不在园林要求上面了。

从这次以后，法官家的园林维护都是由麦克乌霍负责了。麦克乌霍的表现，得到了法官和单位双方的满意。

一道公关的难题，就在麦克乌霍的赞美声中轻松地解决了。麦克乌霍的赞美之所以能成功地走入法官的心中，就是因为他在发出赞美之前，对法官的兴趣爱好有了解，赞美是有备而发，所以能赞到对方心里。

美言美语

> 赞美要有备而发。有备而发的赞美更能切中要点，更能接近对方喜欢的话题，也就更能达到赞美的目的。

随时随地都要想到赞美

要走近他人的心，可以用赞美来做通行证。赞美可以让他人对你产生好感。大多数人都想要得到别人的赞同，想要别人承认自己的价值，想要得到他人的尊重。

懂得交际艺术的人，随时随地都会想到给予他人赞美。

20世纪60年代，法国总统戴高乐访问美国，时任美国副总统的尼克松为他举行了接风宴会。对这次宴会，尼克松夫人费了很大的心思，她布置了一个漂亮的鲜花展台，在一张马蹄形的桌子中央，鲜艳夺目的热带鲜花衬托着一个精致的喷泉。

戴高乐总统如约而至，聪明的他一眼就看出了这个展台的精致，赞美之词脱口而出："女主人为举行一次正式的宴会，要花很多时间来进行漂亮、雅致的计划与布置。"

尼克松夫人听后，觉得非常高兴。虽然她经常为布置宴会花费很多心思，但是却很少得到这样的赞美。尼克松夫人对戴高乐总统印象深刻，很久以后，她还说："大多数来访的大人物要么不加注意，要么不屑于此向女主人道谢，而他总是想到和讲到别人。"

生活中，有很多可以赞美他人的机会。如果没有养成随时赞美他人的习惯，就错过了表现自己的机会。如果懂得随时赞美，就可以给他人留下深刻的印象，便于进一步的了解和交往。

那么，赞美该在什么时候、什么地点运用呢？戴尔·卡耐基认为："随时随地。"

一次，卡耐基来到了无线电城询问处，打听苏文的办公室号码。而那位衣着整洁的前台服务员，一脸矜持地回答说："亨利·苏文，"他顿了顿，清了清嗓子，接着说道："18楼，1816室。"

卡耐基向他点头道谢，并称赞那位前台服务员说："你的回答清楚明白，实在不简单，我想你一定具有相当的素养。"那位服务员的脸上随即露出了笑容，并告诉卡耐基，他花了很长时间去锻炼自己的语言能力，以及他这么做的目的。他们两个聊了一会儿，临走的时候，卡耐基注意到，对方甚至高兴地把领带都向上提了提。当卡耐基搭乘电梯的时候，心里也十分欣慰，别人的快乐感染到了他，让他的心情也轻松起来。

赞美是每个人都可以运用的语言艺术，并不是非要做到外交大使，或是主席的位置上时，才考虑如何去称赞别人。每时每刻，人人都应尽力去看到别人美好的一面，并将之描述出来。比如在一家餐厅吃饭，要了一份法式煎马铃薯。但出乎意料的是，女服务员端上了煮的马铃薯。这种时候，绝对没必要一味地大声责骂，不妨这样说："对不起，麻烦你帮我换成法式的煎马铃薯，我比较喜欢吃煎的口味。"听到这样的话，那位服务员也一定会客气地回答："一点儿也不麻烦。"并欣然帮你调换。

在所有的付出和努力中，赞美的回报来得最快、虽直接。

付出赞美，对方感到开心和快乐，同时也会回报给你真诚的欣赏。无论你遇到了什么人，这个人都必然认为自己的某方面比你优秀，而深入他人内心的方法，就要从这方面入手。记住爱默生所说的话："凡是我所遇到的人，都拥有我比不上的长处。我应该学习他们的长处。"

 美言美语

> 接近他人最简单的方法就是：承认他的重要性，并告诉他，在这个世界上，他永远是独一无二、无可比拟的。

用赞赏快速建立人际关系

被誉为日本"推销之神"的原一平说："推销的秘诀在于研究人性，研究人性的关键在于了解人的需求，我发现对赞美的渴望是每个人最持久、最深层的需要。"

在商场中，赞美能让推销人员轻松地打开与客户交流的入口。因为每一个人，包括准客户，都渴望得到他人真诚的赞美。因此，会推销自己的人，肯定是一个懂得赞美的人。

原一平深深地懂得赞美客户的重要性，他很多次的推销成功，就是从赞美开始的。

有一次，原一平去拜访一家商店的老板。

"先生，你好！"

"你是谁呀！"

"我是明治保险公司的原一平，今天我刚到贵地，有几件事想请教你这位远近闻名的老板。"

"什么？远近闻名的老板？"

"是啊，根据我调查的结果，大家都说这个问题最好请教你。"

"哦！大家都在说我啊？真不敢当，到底什么问题呢？"

"实不相瞒,是……"

"站着谈不方便,请进来吧!"

就这样,原一平用赞美的方法接近了客户,轻而易举地过了第一关,取得了准客户的信任和好感。原一平的成功技巧之一,就是用赞美来打开与客户交往的大门。

有时候,为了达到自己的推销目的,需要用循序渐进的方法,一步一步地赞美客户。如果刚见面就以一连串的赞美来引导对方购买你的商品,对方会觉得你是在推销,感到厌烦;如果以了解的方式来赞美,一步一步地深入,对方会认为你是在为他考虑,愿意接受你的推荐。

以赞美对方开始交谈,容易引起他人的谈话兴趣。一般情况下,当你赞美对方,并谦虚地表示要请教时,对方就会有一种忍不住想指点你的反应。在这个反应过程中,会把你当成一个需要帮助的人。在接近客户的开场白中,赞美的方法几乎是百试百应的。

在用赞美来赢得客户的过程中,有三点是非常重要的:

1. 要用肯定的语气来赞美你的客户,让他觉得你是在真诚地赞美他。

2. 在赞美的时候要循序渐进,一步一步地赞美,切合实际地赞美。不要一下子就堆砌了所有的赞美之词,这样对方会怀疑你另有所图。

3. 要从客户的需要出发来赞美。想想客户在乎的是什么,缺少的是什么,然后推荐对方想要的东西。如果只是从自己的推销角度来考虑,对方就会不感兴趣。

美言美语

> 人们常说:"赞美是畅销全球的通行证。"意思就是,赞美是走近他人的最方便的方法。

用赞赏拉近信任关系

要与客户保持好的沟通关系,首先就要走近客户,得到客户的认可。

在很多推销过程中，推销员还没有来得及施展自己的营销手段，就被客户拒之门外。面对这种难以攻克的客户，推销员可以采用赞美的方式，取得客户的信任和认同。

20世纪30年代，美国费城电气公司的斯蒂芬，受公司的派遣到一个州的乡镇里去推销家电。当地人对于这种推销抱有一种排斥态度，往往是还没等推销员进门就对他们加以拒绝。斯蒂芬接到这个任务后，开始考虑各种可以走近这些客户的办法。最后，他决定运用巧妙赞美的方法。

一天，斯蒂芬来到一户富有的农家门前，敲开了门。主人是一位老太太。老太太一看到斯蒂芬身上的电气公司的工作服，"砰"的一声就把门关上了。显然，老太太对斯蒂芬并不欢迎。

斯蒂芬再一次敲门。老太太将门勉强开了一条缝，不高兴地说道："我们家不需要用电。"斯蒂芬赶紧说："打扰您啦！我知道您对用电不感兴趣。我现在不是来推销电的，是想来买几颗鸡蛋。"老太太消除了戒心，打开了家门。

"买卖不成话不到，话语一到卖三俏"，由此可见销售语言的重要性。一个销售人员要想让产品介绍富有诱人的魅力，激发顾客的兴趣，刺激其购买欲望，就要讲究语言的艺术，懂得向客户展示语言的魅力。

进了门之后，斯蒂芬闭口不谈推销电的事，而是说："您家的鸡长得真好，看它们的羽毛长得多漂亮。这些鸡大概是某名种吧！能不能卖一些鸡蛋给我呢！"

老太太反问："您怎么知道是某名种的鸡呢？"斯蒂芬诚恳而恭敬地说："我家也养了这种鸡，可像您所养的这么好的鸡，我还从来没见过呢！而且，我家的鸡，只会生白蛋。附近人家也就只有您家的鸡蛋最好。夫人，您知道，做蛋糕得用好蛋。我太太今天要做蛋糕，我只能跑到您这里来……"老太太听得眉开眼笑。

老太太把斯蒂芬当作知己，不厌其烦地带他参观鸡舍，斯蒂芬对老太太的鸡大加赞赏。

斯蒂芬的虚心和赞美打开了老太太的话匣子，老太太开始从小鸡的孵化讲起，然后到养鸡的注意事项，再谈到鸡病的防治等等。老太太对养鸡之道谈得有条有理,斯蒂芬边听边点头,同时赞美道:"您真是养鸡的专家呀!"

老太太和斯蒂芬谈得非常开心,仿佛是多年的老朋友一样。她对斯蒂芬的戒心也消除了,也开始询问斯蒂芬所在的公司的用电情况。斯蒂芬终于有机会跟老太太谈到用电的好处,并引导老太太尽快用电。

两天后,老太太填写了用电申请书。一个月后,老太太推荐了她的邻居和好友也加了用电户的行列。

以赞美打开缺口,客户的来源就打通了。斯蒂芬懂得赞美的艺术,先以巧妙的方式找到与老太太沟通的话题,再在话题中适当地赞美老太太,赢得了老太太的认可,因此发展了一个客户。

美言美语

> 赞美是拉近与客户距离的最直接的途径。要接近客户,就不要吝啬你的赞美。这样,你可能赢得更多的与客户交流的机会,为自己的营销工作开辟畅通的渠道。

初次相逢,一定要赞到点子上

与陌生人交往是一种能力,也是一种需要。人与人的关系都是由浅入深,由陌生到熟悉的。多一个熟人多一条路,学会与陌生人交往,有利于拓展人脉,建立更广泛的人际关系网。

在人际交往中,赞美他人会使别人愉快,更会使自己身心健康。被赞美者的良性回报会使我们更为自信,也会使我们更有魅力,形成人际关系的良性循环。赞赏别人所付出的要远远小于被赞赏者所得到的。如果我们都善于夸奖他人的长处,那么,人际间的愉快氛围会大大增加。

赞美陌生人,要选择好切入点。有的人为了表示自己的热情洋溢的赞美,在遇到陌生人时便说:"你真帅"、"你真年轻"、"你真好"。这样赞美当然也可以用，但是让人觉得很普通，没有特点，也很难让人产生深刻印象。特别是在面对陌生人时，对方可能会认为你是刻意讨好，心生戒备。

要走近陌生人，让对方觉得你的话题符合他的胃口，就要学会察言观色，找到合适的赞美话题。

有一次，卡耐基到纽约的邮局寄信，那位负责挂号信的职员很不耐烦。卡耐基暗暗地对自己说："卡耐基，你要使这位仁兄高兴起来，要他马上喜欢你。"同时，卡耐基又提醒自己：要他马上喜欢我，必须说些关于他的好听的话。而他，有什么值得欣赏的呢？非常幸运，卡耐基很快就找到了。

等到那位职员给卡耐基寄信件时，卡耐基看着他，很诚恳地对他说："你的头发太漂亮了。"

那位职员抬起头来，有点儿惊讶，脸上露出无法掩饰的微笑。他非常高兴地说："谢谢！"卡耐基对他说："真是漂亮，您的头发泛着光泽！"邮局职员高兴极了，他们愉快地交谈起来。当卡耐基离开时，邮局职员对卡耐基说："许多人都问我究竟用了什么秘方，其实它是天生的。"

卡耐基找到了赞美邮局职员的最好的切入点，就是这个邮局职员的漂亮的头发。自己的头发是职员最引为自豪的，所以，当卡耐基称赞它时，职员表现出欣喜和骄傲，心情也因受到赞美而好转，对卡耐基的态度也变得热情。

打开与陌生人交谈的话题，有很多具体的方法。如果你想去接近某个陌生人，可以运用下面这些方法来促进交流：

1. 以周围的环境为话题

谈话就像投篮与接球一样，需要先准备一个球。你和陌生人所处的环境便是一个很好的切入话题。许多难忘的谈话是由一个问题开始的。当人们接到问题时，往往会愿意回答。最开始打招呼的话，可以用"请问"或者"感叹"的方式提出。比如，当你在等车时，你可以问："您是不是已经等了很久了？"或者"这个车要多久才有一趟呀？"这些话虽然对方不一定能回答，但是却能搭上话题。当你跟对方搭上话之后，就容易在交谈中找到赞美点了。比如："你的口音不像是本地人呀，是不是从南方来的？"如果对方回答"是"，你就可以接着说："南方的风景是很吸引人的，我真想什么时候能去一趟。"这样,你便与人家开始熟悉了。

2. 坦率地交流你自己的感受

你可以将自己的感受作为一种共享话题来接近陌生人。比如,你接到朋友的邀请去参加宴会,主人没有时间照顾你,你面对的大多是陌生人,如果不主动搭讪,就可能觉得很孤单。这时,你可以跟宴会上的宾客交谈说:"我太害羞,很少参加这种宴会。"对方便会跟你聊一些与宴会相关的话题。或者,你也可以坦白地说出"我在这里一个人也不认识"或"我不知道该讲些什么"。这样,对方就会以帮助你的方式来跟你交谈。在交谈的过程中,你便可以找到赞美的机会了。比如,你可以赞美对方:"你懂得真多。"或者说:"你真热情。跟你说说话,我一点儿都不胆怯了。"

有时候,坦率就是最好的接近他人的方法。

有个学生第一次去见导师,想请他指导问题。这个学生本来想问导师很多问题,但是见到导师时,却因为导师表情严肃而紧张得不知如何开口。最后,他吞吞吐吐地说:"不知道为什么,我对您有点儿害怕。"导师听完之后哈哈大笑,对学生马上温和起来。在接下来的交谈中,学生赞美说:"老师,您懂的真多。这些问题我想了很久,一直都没有想出来,您却一下子就解决了。"导师听后很高兴,在指导这个学生的时候,非常细致耐心。

3. 以对方为话题

人们往往喜欢谈论自己感兴趣的话题,并对自己的形象特别关注。所以,在接近陌生人时,可以把对方作为话题的中心,吸引对方的兴趣。以对方为话题,可以从对方的服饰、特点开始。当你看到对方拿着一款漂亮的手机时,可以说:"这款手机是什么型号呀?我正准备换手机,选了好久了都没有找到,我觉得您这款手机很漂亮。"这时,对方有可能会详细地给你讲述这款手机的优劣。你可以赞美说:"您真有眼光。"这样,你与陌生人之间的僵局便很容易被打破了。

以对方作为谈话的开端,往往能令他人产生好感。赞美陌生人一句"你的衣服颜色搭配得真好"、"你的发型很时尚"、"你看的那本书正是我最喜欢的"等等,能使对方高兴,缓和彼此的生疏。

美言美语

> 在赞美陌生人时要注意，与陌生人的交往要逐层深入，慢慢来，不能操之过急。如果一上场就穷追猛问，对方会觉得你是有所图，或者感到受了骚扰，会因而提防你、远离你。

肯定对方就是肯定自己

人们常把会说话的人说成是"嘴巴比蜜还甜"，事实上，最甜的蜜也不一定适合每个人的口味。所谓"羊羹虽美，众口难调"，要让自己的话打动对方，首先要肯定和赞赏对方。

聪明的赞美者懂得根据对方的兴趣爱好和思路随机应变，脱口而出地说出赞赏和肯定对方的言语：

一天上午，在银行柜台外的咨询处上班的朱芸正等着客户的咨询。她既负责向客户解释一些存款的疑难问题，又要负责推销一些保险和基金业务。

一位中年男性储户前来咨询，他手里拿着一张7万元的国债存单，问道："我的国债到期了，能不能再买国债？国债利息高，又保险！"

朱芸随口夸赞道："先生，您的理财意识挺强，很有经济头脑！不过，现在国债代理业务期已过，不能再续办了。最近这里也有很多买国债的客户在打听，他们最后都转而买保险和基金了。您可以买一些分红保险，既有保险的作用，又能分红，一举两得，十分合算。我们近期代理人寿太平保险和国寿鸿丰保险，两个险种卖得都不错。"

储户问道："我一直想给62岁的老母亲买份保险，但是都没有遇到合适的。你这里的保险有适合的吗？"

朱芸称赞道："您这份孝心很难得呀，我给你推荐太平保险，险种的投保年龄是65周岁以下，正适合您您的母亲。保证年利率2.25%，若因意外身故，可以获得2倍保险金。"

储户想了想，颇有顾虑地说："我回去琢磨琢磨，今天时间不早了，我要赶回幼儿园去给孩子们做中午饭了！"

朱芸漫不经心地问道："您在哪家幼儿园做饭？"

储户答道："在市直幼儿园。"

朱芸马上接上话茬，赞美道："啊，你在市直幼儿园呀！我们营业所主任的孩子就在那个幼儿园，她一直夸食堂饭菜好哩。原来是您的手艺呀！"

中年人马上来了情绪，睁大眼睛兴奋地说："真的吗？人人都夸老师好，我想没有人会记得我这个做饭的，太感谢了。冲着这一点，我晚走一会儿，听你讲讲。"

于是，朱芸获得了跟储户进一步交谈的机会。她把各种保险的优劣详细地讲给客户听，并帮助他选择自己需要的险种。最后，朱芸一再强调买保险的重要性，说对老人和小孩儿来说，保险是最好的投资。

储户听得频频点头："看来，保险还是需要买的。买保险就好比买把雨伞，平常虽然不用，但下雨时还是很有用的！"

朱芸赞赏道："您的说法真是太对了！"

中年储户痛快地填好了保单。

在这个推销过程中，朱芸一直都跟着客户的思路走，不断地赞美和肯定客户。当客户说自己想续买国债时，朱芸就夸他有理财头脑；当客户想给母亲买保险时，朱芸就夸他有孝心；当客户说自己是幼儿园的厨师时，朱芸就夸他一定是个好厨师；当客户理解了保险的必要性时，朱芸就赞赏和肯定他的正确选择。在这些赞赏和肯定中，客户感到自己的选择和想法都是正确的，所以就顺理成章地买了保险。

在说服对方的过程中，对方的思路可能会不断地发生变化。这时候，你就要跟上对方的思维，顺着对方的思路予以肯定和赞赏，对方最终也会肯定你的要求。当你肯定和欣赏对方时，对方也会肯定和欣赏你。

知己和知音就是赞赏你的人

什么是知己？懂你的"心思"，理解你的"意思"，欣赏你的"为人"，赞赏你的能力。也就是理解、赞赏和肯定你的能力、人品、爱好、专业等的人。

赞赏作为一种语言艺术，在人际关系中有着独特的功能。当你赞赏别人的时候，既展示了自己的善良、真诚、坦荡和高尚，也给予了他人最珍贵的礼物——理解、信任、尊重和激励，当他人接受这一礼物时，就会对你产生好感和依赖感，并很可能把你视为知己或知音。

在中国古代的帝王之中，就有懂得用赞赏的皇帝。唐太宗李世民能得到众多大臣的尽心辅佐和拥戴，就是因为他懂得发现别人的优点和长处，然后给予真诚的肯定和赞赏。

魏征是唐太宗手下的得力干将之一。但是，在唐太宗李世民坐上皇位之前，魏征一直是李世民的政敌李建成的手下。魏征后来能为李世民效命，得力于李世民对他的肯定和欣赏。

在李世民与李建成争夺皇位之时，魏征曾极力劝李建成除掉李世民，但是当时李世民立有战功，手下人才又极为强盛，所以建议未被李建成采纳。

在玄武门之变后，太子李建成战死，魏征被俘。魏征作为李建成的智囊，多次为他出谋划策，使得李世民多次险遭暗算。这次，李世民命令武士将他押上殿来，厉声责问道："你大肆挑拨我与兄弟之间的关系，你可知罪？"魏征毫无惧色地说："太子如果早听了我的话，岂能有今天的杀身之祸？"

李世民肯定魏征的忠心和赞赏他的才能，更欣赏他的刚直不阿，李世民作为一个领袖人物，不会因为魏征曾是自己的政敌而记恨他，相反，李世民即位后，即拜魏征为谏议大夫，并封田赏地。贞观六年，唐太宗在九成宫丹霄楼的赏月夜宴上，满怀喜悦地说道："魏征往者实我所雠，但其尽心所事，有足嘉者。朕能抜而用之，何惭古烈？"

事实证明，魏征的确是有才之人。贞观初年，唐太宗开始治理国家之时，由于当时社会情况复杂，有很多不合理的事，为此魏征提出批评意见200多条。唐太宗很器重魏征，为了鼓励魏征敢于直言进谏，唐太宗每次都很虚心地听他献策，并经常赞扬他敢说真话实话。一次，唐太宗赞扬魏征说："夫以铜为镜，可以正衣冠；以古为镜，可以知兴替；以人为镜，可以明得失。我以你这样的良臣为镜，也就不糊涂，少做错事了。"

在唐太宗的赞扬和鼓励之下，魏征更加努力辅佐，竭尽所能，知无不言。后来，魏征怕进谏参政议政招来祸端，想借目疾为由辞官修养，唐太宗为挽留这位千载难逢的良臣，极力赞扬了魏征的功劳。他说："您没见山中的金矿石吗？当它为矿石时，一点儿也不珍贵。只有被能工巧匠冶炼成器物后，才被人视为珍宝。我就好比金矿石，把您当作能工巧匠。您虽有眼疾，但并未衰老，怎么能提出辞官呢？"

在唐太宗的不断赞赏中，魏征解除了后顾之忧，全心全意地为唐朝大业献计献策，成就了一代明君忠臣的佳话。

唐太宗不愧为一个善于发现别人优点，并肯定和赞赏别人的帝王，在他的口中，魏征的谏言具有巨大的作用。他的"以人为镜，可以明得失。我以你这样的良臣为镜，也就不糊涂，少做错事了"这样高度的赞赏和评价，让魏征更加坚定了效忠大唐的决心。当魏征萌生退意之时，唐太宗又给了魏征"只有被能工巧匠冶炼成器物后，才被人视为珍宝。我就好比金矿石，把您当作能工巧匠"这样的赞赏。在唐太宗的赞赏中，魏征对朝廷的功劳由一个普通的臣子变成了能雕琢皇帝言行的"巧匠"，面对这么高的赞赏，魏征怎么还能拒绝呢？

美言美语

> 要成为别人的知己，就要记住：当你在赞赏别人的时候，请放开你的喉咙；当你在批评别人的时候，请注意你的方法。当赞赏的阳光射进每一个人的心灵深处时，你自己也就会光彩照人了。当你成为别人心目中的知己时，别忘了古人有句话："士为知己者死"。可见，发现和赞赏别人的优点能带来多么大的功效。

赞赏对方的优点无需难为情

有的人生性腼腆，既不善于接受赞美，又不敢开口赞美他人。当他们看到别人取得成绩时，心里也很佩服，但是却说不出赞美的话。其实，赞美需要大胆地说出口，不要怕难为情。

润东是个营销主管，他自己很讨厌那些喜欢对他发出赞美的人，听到那些赞美的话，他就觉得那些人特俗，自心底里看不起他们。有时候，他看到别的部门的主管赏识那些会赞美的人，他就觉得愤愤不平，认为那些主管太不公平，只喜欢听好话。

润东既不喜欢别人对他赞美，也从不喜欢赞美他人。在他的记忆中，他几乎没有表扬过下属。他认为，下属所做的事都是职责范围内的事，赞美他们可能会引起他们骄傲，所以他基本是以严格的纪律来约束下属，不用赞美之词。

这一天，公司组织中层管理者会议。在会议上，老总让大家讨论对员工的"激励"策略。有的主管说，语言激励是最好的方式，就是直接赞美下属，可以用"你是个非常负责的人"、"我非常相信你的能力"这样的话来夸奖员工。这些话实际上并不很夸张，但润东觉得如果让他来说，他会非常难受，满面通红。他觉得那样说太难为情，根本说不出口。他忍不住反对，他认为："厚脸皮的人才那样说"，"这些话不必说不出来"，"经常这样说会让下属产生骄傲情绪"。

令润东郁闷的是，公司领导采纳了另外那个主管的意见，并要求润东也试用这种方法。

润东为了改变自己，去找心理咨询师帮助。心理咨询师告诉他，他根本的心理症结是自卑心理，自卑心理会导致行为退缩，工作上缩手缩脚。润东讨厌赞美的心理是一种投射，一个不能赞美自己的人，就会很少去赞美别人。

润东因为从心底里不自信，所以当别人赞美他时，他很不自在，觉得自己并没有那样好，甚至认为别人是在挖苦他；当别人说他的缺点时，他内心认为很准确。他对自己的不满意也引起了对他人的挑剔，所以他不愿意赞美他人。

润东意识到自己的原因之后，决心要学着赞美自己，把自己的优点或者成功的经历，写在一张精美的卡片上，经常诵读，自我激励，对自己以前所认为的缺点视而不见，营造一种良好的自我暗示的氛围。

自我暗示能起到一定的作用，润东以前那种自卑心理就是负面暗示的结果。暗示既可以产生负面作用，也可以产生积极影响。

在开始自我积极暗示之后，润东的行为变化很大，他不知不觉开始正视自己的优点，也开始关注他人的优点。在学会欣赏他人的优点之后，润东不再觉得赞美别人特别难为情了，而是觉得有优点应该肯定，有成绩应该赞美。

在接下来的工作中，润东充分地运用赞美的策略，他的赞赏使下属的工作积极性更高了。

从人们的正常心理来说，赞美是一种很自然的行为，它既是正常人的心理需要，也是人们互相交流感情的一种方式。在生活中，过度的、夸张的赞美会引起难为情的感觉，适度的、中肯的赞美则会让人产生愉悦感。在发出赞美和接受赞美时，都要以一种坦然、大方、诚恳的态度去面对它，把赞美说出口，不要怕难为情。

美言美语

> 赞美并不是刻意而为之的，而是应该逐渐成为一种习惯。多尝试着用积极的目光看待别人，发现他人值得赞美的优点，拥有一份乐观向上的心情，那么，赞美的话便能脱口而出。

赞赏能使生活更美好

友情也好，婚姻也好，都是因互相欣赏而关系紧密，都是因互相指责而分道扬镳。幸福的生活，离不开相互的欣赏和赞美。

美国总统布什是典型的美国保守男人，重事业重家庭，责任感很强。从政数十年来，夫人劳拉一直辅佐在其身旁，2001年的"9·11"恐怖袭击事件后，劳拉更是出色扮演了"第一夫人"的角色，在抚慰民心方面起到了重要作用。

作为政届领袖，布什是怎样让劳拉陪伴自己渡过每一个政治难关的呢？他的常用的方法就是：深情的赞美！

1977年8月的一个夏夜，31岁的布什在朋友家的烧烤聚会上结识了与他同岁的劳拉，并被她的优雅博学所打动。布什赞美劳拉说："她是那样的优雅动人，极富幽默感，而且还非常博学睿智。"布什后来这样回忆他第一次见到劳拉的情景："她所有的这些优点在我见到她的第一面时就已感受无遗。"

布什对妻子的深情赞美，加深了夫妻双方的感情。他的情诗成为很多人引用的句子，他也成为美国民众心中的"好丈夫"，他的那一句"我为她而骄傲"让劳拉对他的爱一如既往。

营造和谐的家庭关系并非成功人士才需要，每个家庭都需要用心去维护，所以赞美的技巧人人都需要。不仅只是丈夫需要懂得赞美，妻子也需要熟悉赞美的艺术。有的妻子喜欢用过多的唠叨和责怪来使丈夫就范和屈从，结果却总是收不到好效果。而聪明的妻子却不用大费周折，她用最真诚的赞美让丈夫改进自己的生活方式，营造幸福的家庭。

安妮在从朋友那里得到"赞美"这一方法之前，觉得对丈夫的懒惰无能为力。她忍不住对朋友发牢骚说："我真没有想到他是那么一个懒惰的人，他甚至在进门时，不愿意摆好自己刚刚脱下的鞋子，而是简单地一丢。我真的快受不了啦！"朋友告诉安妮，埋怨和唠叨解决不了任何问题，要想改变他，只能赞美。

这一天，安妮家来了客人。当她做饭时，高压锅手柄坏了，丈夫看到有客人，便帮忙修理手柄，他取来工具，三下五除二地就搞定了。安妮想起朋友的建议，就趁机赞美丈夫说："你可真行呀，这么快就搞好了，要是我来弄，恐怕还得费些时间。"

丈夫听后情不自禁地露出几分得意的神色。以前安妮总是埋怨丈夫不喜欢做这些零碎小事，几次他当时没做好，安妮就会埋怨他，所以后来丈夫干脆什么都懒得做了，还说："反正我做的事也不能让你满意，你自己做好了。"现在，丈夫得到了安妮的表扬，忽然觉得自己很不错，解决问题的能力挺强。尤其是在客人面前，丈夫觉得很有面子。

在接下来的日子里，安妮明显地感觉到了丈夫的改变，他变得更勤快、更能干了。每次丈夫做好了一件事，安妮就会夸奖他一番，说得他心里美滋滋的。不知不觉地，安妮发现丈夫也会疼人了，对她多了体贴和照顾。渐渐地，夫妻之间的感情更深了。

赞美是加深人与人之间感情的最好方法，人与人之间传递信息、表达情感的方式多种多样，看起来似乎微不足道的区区小事，只要能经常地出现在生活中，就能在与他人的相处中增添一份亲切和温暖。

美言美语

> 一个赞许的眼神，一丝快慰的微笑，一句温情的赞赏，都能让对方的心里充满喜悦和快乐，进而使我们的生活更加快乐和美好。

赞赏是成功的动力

一句赞扬也许就会创造一个奇迹，几句批评就可能葬送一个天才的前程。赞赏是一种艺术，它在一个人的成长与追求成功的过程中，有着不可低估的激励作用。几句看上去普通的话语，却能激起一个人心灵上的深刻感应，使被赞赏者产生一股积极向上的动力，激励着人们去奋斗和努力。

欣赏可以改变一个人的命运

歌德曾经说过："以一个人的现有表现期许之，他不会有所长进，以潜能与应有的成就期许之，他就会不负所望。"欣赏能催生一种不可思议的力量，它就像沙漠中的甘泉一样能救人性命，激发斗志。当人们得到欣赏时，会受到鼓舞和激励，做出让人刮目相看的成绩。

1968年，美国心理学家罗塔尔森和雅各布森做了一个著名的实验，从此唤醒了人们对欣赏的魔力的进一步重视。

罗塔尔森和雅各布森抽取了一所小学作为实验对象，他们选择了6个班，对这些班中的学生的成绩发展作出预测。他们把"有潜力"的学生名单交给校方，表示这些学生有很高的天赋，只不过尚未表现出来。他们再三叮嘱校方要保密，以便实验的正常进行。

罗塔尔森和雅各布森心里明白，这些名单都是随意抽取的，这些学生并不是真正"有潜力"。他们只是想看看，当学校以特殊的期待和欣赏的方式来教育这些学生时,他们是否会因此而与众不同。

8个月过去了,罗塔尔森和雅各布森的实验有了结果:这些名单上的学生,不但学习成绩突出,而且性格开朗,与老师的感情非常好。他们真的变得非常"有潜力"了。

原来,自从拿到这个"有潜力"的学生名单后,校民和老师都根据名单来培养这些"有潜力"的学生。他们对这些学生寄予了特殊的期待,并给予更多的欣赏和鼓励。当这些学生取得一些成绩时,老师就不遗余力地赞赏他们、鼓励他们。

当这些学生犯错的时候,老师也用鼓励代替批评,不是严厉地斥责他们的不足。而是以欣赏优点的方式来引导他们改正。老师从心底里认为这些学生"有潜力",于是在教学中不断地传递出"你很优秀"的信息,学生接收到这些赞赏信息,变得更积极上进,不但学习成绩有所进步,而且与老师的关系也更和谐了。

老师还是原来的老师,学生也还是原来的学生,改变的是相处的方法。教师由原来的认为学生平凡,变成有所期待;由原来的普通教育方式,变成欣赏和鼓励的教育方式。于是,效果的对比就如此明显了。可见,欣赏和期待可以改变人们的表现,使人们在无形中朝着好的方向努力,变得更上进、更优秀。

令人不可思议的是,即使是同一个人,在同样的条件下,如果别人以欣赏的方法对待他,他的表现也会超越普通水平,甚至达到他自己都无法想象的成就。

美国得克萨斯州伊内凯尔中学有一个女学生珍妮·弗兰尔就亲身体验了欣赏在她身上产生的魔力。

珍妮相貌平平,但却从心底里非常羡慕好莱坞明星的美貌和气质,她经常想象那种众星捧月的感觉,为自己的普通而苦恼。她常常精神恍惚,不愿意跟人交往。

珍妮的母亲为了帮助女儿摆脱困境,聘请了著名的心理咨询师詹姆斯·乔伊。詹姆斯·乔伊找机会把全班除了珍妮以外的所有学生召集起来,他请求大家,自那天开始的三个月中,把珍妮当作全班最漂亮、最迷人的女孩儿。

毫不知情的珍妮受宠若惊了：男生把漂亮女生撇在一边，向珍妮大献殷勤；女生则时常羡慕地望着她，向她请教美容和打扮的方法；老师也改变了对珍妮的态度，经常在课堂上叫她回答问题，并表扬和鼓励她。珍妮像坠入梦境一般，她不明白自己怎么突然由灰姑娘变成了白雪公主。

珍妮心想："是不是我本来就很漂亮，只是一直没有发现？是不是我一直就讨人喜欢，只是没有感觉到？或许，我身上有一种令人喜欢的气质？"

在男同学的表扬和殷勤中，珍妮开始注意起自己的言谈举止了，她让自己说话的声音更加甜美，说话的语气更加谦和，表情更加真诚；在女同学的羡慕和请教中，珍妮开始注意自己的打扮和穿着，她的服饰搭配得更得体了；在老师的表扬和鼓励下，珍妮更加认真地听课，准备答题。

两个月后，大家惊奇地发现，珍妮真的变了：珍妮的眉头舒展开了，胸脯挺起来了，心情也渐渐开朗了，经常与大家一起说笑玩乐。她的容貌虽然不是美丽绝伦，却焕发出自信而优雅的魅力。她的社交能力和举止言行足以让男生们想要接近，女生们愿意同行。

在实验刚开始的时候，同学们只是逢场作戏，而这种欣赏的暗示却真的改变了珍妮。到后来，大家都真心实意地喜欢她了。

珍妮·弗兰尔在受到大家的关注和欣赏之前总是为自己的长相而苦恼，不愿意与人交往。在心理咨询师詹姆斯·乔伊的暗中帮助下，珍妮意外地得到了全班同学和老师的欣赏，她因此而变得自信，真的具有了魅力。在这个过程中，赞赏传递了一种积极的期待，让珍妮努力去达到这个目标。珍妮在追求这个目标的过程中，感觉到了同学们的赞赏和支持，获得一种积极向上的动力，变得自信、自尊了。

美言美语

> 欣赏具有独特的魔力，它潜藏在对他人的信任和期待中，在无形中给他人以力量。得到欣赏的人因此变得更加自信和努力，在成功的路上创造出奇迹。

赞赏别人身上的闪光点

在传统教育中，老师们更多地侧重于纠正学生的错误言行。在很早之前，私塾的先生就有一条镇住学生的鞭子。哪个学生言行失当，老师便会鞭策他。甚至到现代，很多父母在送孩子上学时，还经常叮嘱老师："您就把他当自己的孩子，有不对的地方，尽管打，尽管骂"。

作家达尔科夫在孩提时代是个极为胆怯、害羞的男孩儿，他几乎没有什么朋友，对任何事都缺乏自信。但是，有一件事改变了他。那一天，达尔科夫的老师布劳奇布置学生写一篇小说，他按时完成了任务，并得到了老师的表扬。

在后来的回忆中，达尔科夫表示，虽然他早已无法回忆他写的那篇课文有什么独到之处，或者老师给的评分究竟是多少，但他却清楚地记得，而且令他永生不忘的是布劳奇老师在他的作文的页边空白处写了4个字："写得不错"。

这4个字竟改变了达尔科夫的人生，他说："在读到这些字以前，我不知道我是谁也不知道将来干什么，但读了他的批注后，我就回家写了一篇短篇小说，这是我一直梦寐以求，但从来不相信自己能做的事。"

在中学剩余的日子里，达尔科夫写了许多短篇小说，经常将它们带给布劳奇老师评阅。在老师不断的鼓励下，达尔科夫成为中学报纸的编辑，他的信心增加了，视野扩大了，他开始了一种充实的生活，并最终成为了一名作家。

老师送给达尔科夫的"写得不错"的四个字的赞赏引导了达尔科夫一生的道路。对此，或许很多人会觉得不可思议，老师的一句赞赏怎么会产生那么大的效果。其实，这是有正确的心理学原理的。在孩子读书期间，正是孩子对父母逐渐产生逆反心理，而对老师依然崇拜和相信的时期。

在这段时间内，他们不再说"爸爸说"、"这是妈妈告诉我的"之类的话，而变成"老师就是这么说的"之类的话。这时候，老师的赞赏对于学生来说就有着绝对的权威和影响。正如将军的指令对士兵非常有效一样，老师的赞赏如同一道"冲锋"号令，督促着学生奋勇前进。

有的家长和老师总是希望孩子的表现能尽善尽美，而孩子却总是有着各种各样的缺点。与年龄相称的是，他们好动、自制力弱。如果对他们的这些正常行为加以指责，孩子会觉得不知所措。

最令教师头疼的是对某些学生，实在找不出闪光点。左看右看，他们浑身是缺点。孔子育人时常用赞赏，他寻找学生优点的方法说起来很简单，只有六个字："观过，斯知仁矣"。意思是，观察他的过错，就知道他的优点了。正如人们常说的"缺点常常是放错位置的优点"。

如果用赞赏的方式，找出孩子身上的优点，鼓励和赞赏他们，他们就会努力地达到家长和老师的期望值。

姬丽是一位优秀的小学老师。

在新学期的第一天，姬丽的班上分到了全校最顽皮的"坏孩子"尼莫。据幼儿园的老师反映，他不但搞恶作剧，跟男生打架，逗女生，对老师无礼，还扰乱班上的正常秩序。但是，他也有一个优点，就是能够很快就学会学校的功课，特别聪明。

姬丽决定立刻面对"尼莫问题"。当她到班上见新学生时，她对每一个学生都发出了不同的赞赏："玛丽，你今天穿的衣服真漂亮；杰西卡，我听说你画的画很不错哦……"

当姬丽念到尼莫时，她直视着尼莫，对他说："尼莫，我知道你是一个天生的领导人才，今年我要靠你帮助我把这个班变成年级最好的班。你一定很有信心做到这一点，对吧？"

每一天开始上课时，姬丽都会强调这一点，夸奖尼莫所做的一切，并称赞他的行为正代表着他是一位很好的学生。

尼莫的表现没有令老师失望，他在班级中的表现越来越好。

尼莫是个优点突出、缺点显著的孩子。他的缺点让曾经教过他的老师头痛，但是他的优点却没有充分地发挥出来。姬丽老师在赞赏学生时，刻意根据尼莫的优点来称赞他，并经常赞赏尼莫的表现，尼莫因此而表现得越来越好。

教师应该发现和关注学生身上的闪光点，不要把注意力全部集中在纠正错误上。有很多孩子虽然成绩不好，但是却在其他方面很有天赋，有的组织能力强，有的运动能力强，有的语言学习能力强，有的数学运算能力强。

 美言美语

> 不同的闪光点，都可能成为一个人成长的基点。如果我们能从这些闪光点出发，鼓励和赞赏别人，那么，他们在这一方面就会更精进，学习也会更有积极性。

用赞赏播下信念的种子

赞赏对人的成长有着重大的意义，它能在人的心中播下信念的种子，引导人们朝着更高的目标努力。

有时候，赞赏的话语并不一定是对方真正具有的潜质，但是，当对方接受到赞赏后，会认为自己的确是具有这些潜质和能力。这样，在以后的学习和工作中，就会以更高的标准要求自己，从而也使自己变得更有能力，更优秀。

罗杰·罗尔斯是纽约第五十三任州长，也是纽约历史上第一位黑人州长。在就职记者招待会上，罗杰·罗尔斯对自己的奋斗史只字未提，他仅说了一个非常陌生的名字——皮尔·保罗。后来人们才知道，皮尔·保罗是他小学的一位校长，正是这位校长的赞赏，让罗杰·罗尔斯成为了州长。

罗杰·罗尔斯出生在声名狼藉的大沙头贫民窟。在那里出生的孩子，长大后很少有人获得较体面的职业。然而，罗杰·罗尔斯是个例外，他不仅考入了大学，而且成了州长。

1961年，皮尔·保罗被聘为诺必塔小学董事兼校长，当时正值美国嬉皮士流行的时代。他走进大沙头诺必塔小学的时候，发现那里的穷孩子比

"迷惘的一代"还要无所事事,他们旷课、斗殴,甚至砸烂教室的黑板。大人们也懒得去管教自己的孩子,他们认为,这就是他们的命运,谁也无法更改。罗尔斯也是这些穷学生中的一员,他跟着他们打架滋事,并引以为荣。

有一天,8岁的罗尔斯从教室的窗台跳下,伸着小手走向讲台,毫无疑问,他想找点乐子。站在讲台上的校长微笑地看着他说:"我一看你修长的小拇指就知道,将来你会是纽约州的州长。"罗尔斯听了,大吃一惊,陡然间感到内心升腾起一种振奋的力量,因为长这么大,只有奶奶的话让他振奋过一次,那次,奶奶说他可以成为5吨重的小船的船长。

罗尔斯记下了校长的话并且相信了它。从此,他一直把成为纽约州州长当成自己前进的一面旗帜,他变了,他的衣服不再沾满泥土,他说话时也不再夹杂污言秽语,他开始挺直腰板走路,很快,他成了班主席,他的学习成绩也飞速前进。在以后的40多年间,罗尔斯一直坚持以州长的身份来要求自己。

51岁那年,罗尔斯真的成了州长。

校长的赞赏在罗尔斯幼小的心灵中播下了崇高的信念的种子,罗尔斯朝着这个方向而努力,一步一步地走向了成功。

 **美言美语**

> 赞赏可以帮助学生树立自信。一个人的自信是源源不断、不竭不枯的动力,他可以使落后变先进,可以使无变有,而自信的确立又非常需要鼓励和赞赏。真诚地称赞他人,就会激起他人的志气,帮助他人建立起自信心。

赞赏是走向成功的法宝

赞赏能激起一个人不断进步,赞赏能激励一个人更加努力。在很多时候，你的一句赞赏的话，或一个赞美的表情，都会给别人留下终生难忘的印象。

"世有伯乐，然后有千里马"。有才华的学生非常需要老师的欣赏和赞赏。现代画家、文学家、美术家、音乐教育家丰子恺就是在老师的鼓励下走上艺术之路的。

丰子恺考入浙江一师后，李叔同教他图画课，在教木炭模型写生时，李叔同先给大家示范，画好后，把画贴在墨板上。

多数学生都照着墨板上的范画临摹起来，只有丰子恺和少数几个同学依照李叔同的要求直接从石膏上写生。

李叔同注意到了丰子恺的颖悟。一次，李叔同以和蔼的口吻对丰子恺说："你的图画进步很快，我在南京和杭州两处教课，没有见过像你这样进步快速的学生。你以后，可以……"

丰子恺为老师的赞扬而欢欣鼓舞，意识到了老师对他的殷切希望，兴奋得连连说："谢谢，谢谢先生！"

后来，丰子恺成了杰出的画家，他说，是李叔同先生的赞扬和激励让他走上艺术之路的。

赞赏是教育的秘诀，它的指挥棒就握在老师的手里。当老师用赞赏的方法指挥时，全班的学生便都朝着目标努力，奋勇前进。

心理学研究表明，获得别人的肯定和赞赏是人们共同的心理需要，这种需要一旦得到满足，就会形成一种巨大的积极向上的原动力，使许多潜能奇迹般地被激活。赞赏，就像是"酵母"，以神奇的力量激发人们去创造辉煌的人生。

北京金源公司董事长欧阳莉就是一个在老师的"红五星"的赞赏中长大的孩子。每当她回忆起自己的成长经历时，她都清楚地记得小学老师画的那个"红五星"。

在一次同学聚会上，欧阳莉说起了她的"红五星"的经历：

我上小学的第一天就遇到50多岁、亲切可爱的付老师，当时入学考试的内容是从1数到10。我站在校园大操场的阳光下，面对着老师的笑容，脆生生地一口气从1数到100。老师拍拍我的脑袋，伸手在她的花名册上画了一个红五星，我非常仔细地留意着她的一举一动，在心里暗自猜测着那个红五星的涵义。

开学了，我心里一直惦记着花名册上的那个红五星。

一天，我忍不住了，跑到老师那里，问："老师，是不是我的入学考试是第一名，所以得到了红五星？"

老师微笑着点了点头。

当我满怀希望从校园跑开时，快乐一直在我心里升腾。我是得了第一名的，我一定还可以再得第一名。这种信念一直鼓励着我，所以我不断地努力，结果真的得到了第一名。

当欧阳莉说出这段经历后，她的同学们都露出了惊讶的笑容。因为，他们在报名的时候也得到了红五星，而且老师也对他们说过："你很棒，你是第一名。"他们也因为这个而不断努力，虽然没有得到第一名，但是都很认真。

"每个人都有一个红五星？"欧阳莉惊叹地说，"如果没有老师的红五星的鼓励，我可能没有那么努力！老师真是一个懂得赞赏学生的高手！"

欧阳莉的老师非常懂得赞赏的艺术。她用红五星让每一个学生都觉得自己非常优秀，用这种优秀的意识鼓励着学生不断努力。在她的鼓励下，学生们都信心满满，学习认真。

人的天赋和才能很多都是在他人的赞赏中激发出来的。要有发现别人优点的眼光，更能懂得如何去赞赏别人的优点，激发别人身上的潜力。

要懂得赞赏别人

前苏联教育家苏霍姆林斯基说："在任何时候也不要给学生打不及格的

分数，否则容易使儿童产生自卑感，从而失去学习的兴趣。请记住：成功的欢乐是一种巨大的情绪力量，它可以促进一个人积极向上的愿望。"

人都有一种引起他人注意并得到认可，以及获得赞赏的天然欲望，他们为了满足这种心理需要而孜孜以求。不失时机地利用一切机会让别人肯定自己的成绩，希望得到别人的赞赏和鼓励。赞赏，将会成为激励别人奋发向上和刻苦求学的巨大动力。

散文家奕帆非常感谢老师曾经对她的赞赏，她把自己的成就归功于她五年级时的语文老师。小的时候，奕帆作文成绩总是很糟。她的思维跳跃很大，有时候上一句话的意思还没有表达完整，下一句话的意思又写到了其他的事情上去。作文老师在看了她的作文之后，经常在作文本上批改"跑题了"、"语句不通"、"条理不清"、"立意不明确"等批语，有时甚至还用醒目的红笔划上大问号，表示老师根本不知道奕帆表达的是什么意思。奕帆非常烦恼，每次都不敢交作文作业，一想到上作文课就头痛。

五年级的时候，奕帆班上的语文老师换了。这个新来的语文老师对奕帆的态度完全不同。奕帆交上去的作文本上，不再有醒目的大红问号，批语也变成了另一种风格。在奕帆的作文中，经常会有老师圈点的用得好、用得准确的词语和句子。当奕帆的文章中有写得比较通顺的句子时，老师会批改为"此词妙极"、"这个句子写得活"。

遇到很不连贯的句子时，老师在旁边写道："如果把这个句子改成……，是不是就顺畅了？"奕帆在老师的批语中深感自己有很多写得不错的句子。于是，她尝试着经常使用那些受老师好评的词汇，并把类似的词语和句子积累起来。

奕帆觉得，每一次作文本发下来，她都有所收获。在老师的"这一次作文有很大进步！"的批语中，奕帆感觉到自己的进步，她经常盼望着能尽早发下作文本，看到老师的评语时，她会为自己的进步感到心动。

渐渐地，奕帆对写作有了兴趣，她的写作能力提高了。有一次，奕帆在走廊里遇到校长，校长喊出了她的名字，并且微笑地对她说："听说你的作文写得不错。"那一刻，奕帆听到了自己心跳加速的声音。她是那么兴奋，那么引以为豪。在全校好几百人之中，校长居然能叫出她的名字，并且知道她的作文写得不错。奕帆下决心要把文章写得更好、更出色。其实，这一次校长的表扬是语文老师为了激励她而请校长唱的双簧，但是，它却真正激发了奕帆的进步。

从那一次之后，奕帆开始琢磨怎样把文章构思得更新颖，怎样从立意、选材等方面来把握文字，她的写作技巧越来越熟练，她对生活的观察和领悟越来越细腻。在五、六年级的写作练习中，奕帆的写作能力提高得很快，她的作文多次被作为范文在班上讲评，有些还参加了学校的征文大赛。

老师和校长的表扬开启了奕帆对写作的兴趣的大门。在后来的学习中，奕帆对写作的兴趣越来越浓，她的文章也经常得到作文报、语文报等报刊的采用。大学毕业后，奕帆写作的散文经常发表在各大刊物上，她已经小有名气了。

每次，谈起自己在写作方面的成就时，奕帆都会感慨地说："如果没有老师当年的鼓励，就没有我的写作之路。"她衷心地感谢老师对她的赞赏，那是她写作兴趣的源泉和动力。

美言美语

> 赏识，可以激发一个人的自尊心和上进心，是一个人进取的不竭动力。善意的赞赏实际上是一种投入少、收益大的感情投资，是一种驱使人奋发向上、锐意进取的动力源泉。

每一个微小的进步都要赞赏

赞赏有两点艺术：一是找优点的方法："观过，斯知仁矣"；二是找到了优点，哪怕是很小的优点要无限放大来赞赏。

戴尔·卡耐基说："要改变人而不触犯或引起反感，那么，请称赞他们最微小的进步，并称赞每个进步。"学生经常需要赞赏，但是赞赏并不是夸张的、毫无针对性的，而是要具体到事情中的，针对于学生的每一个进步

提出赞赏。

一个人的每一个微小的进步都要及时给予赞赏。如果一个人认识到表现好就能得到别人的赞赏，他们就会尽量表现得更好。

杨洋刚升入初三时排名在年级的200名左右，但在中考时却取得了非常好的成绩，被一所重点高中录取，爆了本校那一年中考最大的冷门。他的成绩上升得如此之快，就得益于老师对他的有针对性的表扬。

在杨洋的功课中，进步最大的要算政治，可以说是质的飞跃。刚进初三时，杨洋的政治总是考30分左右，理科却出奇的好，严重偏科。

在文科科目的学习中，态度非常重要，如果天资聪颖却不肯下功夫去记、去背，那么就很难得到好分数。杨洋的老师看到他的文科成绩，担心文科会给他的总分拖后腿，在他身上花费了不少时间、精力。老师辅导他，帮着他梳理教材、指点方法，并在他每取得一点进步时，就及时地表示称赞。

初三第一学期期中考试时，杨洋的政治得了45分，老师就对他提出表扬，说他已经站在进步的起跑线上了。杨洋觉得老师在关注自己、肯定自己，便在期末考试前加油背诵，政治成绩就上到了55分。这一次，老师表扬他"有了明显的提高"。在老师的进一步表扬之下，杨洋更努力了，到中考时，他的政治得了88分。

杨洋进步的动力来自老师的帮助和对他每一次进步的表扬。对很多中学生来说，老师的关注和表扬能让他们改变学习态度。当他们的进步受到老师关注后，他们会变得更加努力，更加追求上进。

老师希望学生做到哪种程度，就可以赞赏他已做到了那种程度。莎士比亚说："即使没有某种能力，也假定有。"即使是微小的进步，也要热烈地赞赏。

出国留学前，姚智的成绩并不好。经过一番补习，他终于踏上了异国的求学之路。

在国外的学校，老师对他的每一个微小的进步都进行称赞，这些称赞改变了他的一生。一次数学课，老师说了一串数字要求学生们计算出开根号的结果。平时，姚智都是坐在座位上左摇右晃的，这一天因为心情好，所以也跟着算起来。老师看到他写出答案时，称赞说："瞧，你做对了！"

从此，姚智对数学开始有了一点儿兴趣，他的成绩有了明显进步。这一天，老师对他说："你的数学成绩进步很快，不如加入数学兴趣小组吧。"姚智觉得非常惊喜，这是他第一次能进入到大家公认的优秀团体。

在数学兴趣小组中，有一次数学活动，学生们提到关于"π"值的求法。姚智因为在课前预习过，于是当场把小数点后28位全部背出来了。在场的外国学生都惊呆了，老师非常赞赏地说："你真是一个数学天才。"

从此，姚智声名大振，走到哪里，都有人指着他悄悄说："你看，那就是中国来的数学天才。"多次鼓励大大增加了姚智对数学的兴趣，在之后的学校数学竞赛中，他荣获了第三名的好成绩。高中毕业后，姚智如愿以偿地考上了剑桥大学。

如果我们想使别人做得更好，就要对他的现在极力赞赏。有一点点长处，就放大来赞赏，有一点点进步，就要郑重其事地表扬，使其自觉地追求更大的进步。

美言美语

> 夸奖学生的每一个细小的进步。只要付出了努力，并且在朝着好的方向发展，他的行为就都是值得表扬的。当一个人的成长和进步被关注时，他就会更努力，会做得更好。

赞赏的同时也要提出更高的要求

赞赏能激起上进心，这是赞赏的好处。但是，如果一味地赞赏，就有可能陷入审美疲劳，变得只愿意听好话，不愿意听逆耳忠言了。所以，在赞赏别人时，既要由衷地指出别人的长处，又要提出他需要改进的方面。

王晓云是个特别调皮的学生，总是不能很好地遵守宿舍的纪律，但老师发现她的生活自理能力很强，不管在整理内务、卫生和生活习惯上，都称得上是同学们的楷模。

当老师看见王晓云叠的比部队的"豆腐块"还漂亮的被子时，就情不自禁地夸她："被子叠得太漂亮了！真不错！"老师在赞赏的同时提出期待，希望她在其他方面的表现也会跟叠被子一样出色。

王晓云听到老师的赞赏，觉得老师对她很亲切。为了保持这种好形象，以后，她在各方面都努力做得好一些，也不那么大吵大闹了。

赞赏学生的时候，既要指出优点和长处，也要指出缺点和不足，提出要求。

周颖是长沙市五一小学四年级的学生。各科老师都向班主任楚老师反映，周颖思维活跃，发言积极，但是她在课堂上爱插嘴，经常影响了课堂秩序。周颖的父母也告诉楚老师，女儿整天唧唧喳喳像小八哥似的，常打断父母和客人的谈话，显得很不礼貌。

为了改变这种状况，又不伤害孩子的自尊心，楚老师决定运用既赞赏，又提出要求的方法来改变周颖的缺点。这一天，在谈到班上同学的表现时，楚老师称赞周颖"爱思考、敢发言"，并赞赏她是一个"精美的话匣子"。在赞赏之后，楚老师提出要求说："精美的话匣子如果还能够懂得倾听就好了。要收藏起一些话，在上课时认真听讲，不随意打断别人的谈话。如果实在忍不住，就把当时要说的话收在话匣子里，过后再向老师或父母倾诉。这样，话匣子里说出来的话，就会更受大家欢迎了。"

在楚老师的赞赏和提示下，周颖在课堂上插嘴的次数变少了。楚老师既赞赏又提要求的妙招，让周颖学会了适时关上"话匣子"。

对学生给予赞赏，学生会感到一种满足；对学生指出缺点，有利于学生全面审视自己，意识到自己也有所不足。经常以这样的方式来对待学生，有利于培养学生接受别人的意见的习惯，产生逐渐完善自己的愿望。

美言美语

> 赞赏别人一定要把握"度"，既不能千金难买，也不能一钱不值，既不能人为地拔高、掺水、使假，又不能蜻蜓点水不着痕迹。如果赞赏别人，但又夸大其辞、添枝加叶，硬要拔高，不仅起不到激励作用，还会引起别人的反感，甚至会被误会为讽刺讥笑。

一句赞赏的话改变了他的命运

一次机会，足以改变人的一生。一句赞赏的话，有时候就是一个促人成长的机会。在人民音乐家施光南的一生中，考官的赞赏给了他信心和希望。如果没有那一句赞赏和指点方向，他可能就一直徘徊在音乐的殿堂门外。

听到"打起手鼓唱起歌"这首歌，很多人都会想起施光南，想起他那不怕失败、从头开始的信心与勇气。

初中毕业那一年，一向喜爱音乐的施光南执意要考音乐学院附中，但父母却希望他按部就班从初中升入高中。无奈之下，施光南听从了父母的劝告，但这件事给他的心灵蒙上了浓浓的阴影。

上音乐学院附中的希望破灭后，报考音乐学院成为施光南最深切的愿望。高中毕业的时候，他决定不听任何劝阻，一定要实现自己的愿望，于是他直接报考了音乐学院。

为了顺利考上，施光南很仔细地了解了音乐学院作曲系的招生要求，经过咨询，他得知考生要具有相当水平的乐理、和声知识和一定的钢琴水平。施光南犯愁了，自己知道的乐理知识少之又少；至于什么是和声，根本就一窍不通；钢琴，从来没有摸过，五线谱好歹知道一点，可也仅仅处于"扫盲"状态。

施光南把自己的心愿跟母亲说了，母亲想起上次对儿子的阻拦的事。她没想到儿子对音乐是如此狂热。施光南热切地想实现上音乐学院的心情，让母亲深受感动。她鼓励儿子说："考！一定要考！"

取得了母亲的支持，施光南非常开心。可是，离考期仅剩半年时间了，他一切从头学起，能行吗？

在母亲的鼓励下，施光南临阵磨枪，买来一本《拜尔钢琴初级教程》。母亲也四处托人，寻找钢琴教师，费尽周折，却徒劳而返。施光南只好自己在家苦练。

时间飞快，转眼考试的日期到了，忐忑不安的施光南走进了考场。笔试、面试，他都以失败告终。施光南不知道是怎么走出考场的，那一天，他的人生灰暗极了，他拖着沉重的脚步走在路上，不知道该往哪儿去。

正当施光南处于山穷水尽之时，突然接到了当日主考官江定仙教授的一封信，信中说："施光南同学，你的基础知识较差，但考虑到你有良好的音乐感觉和作曲才能，建议你去附中插班学习，打好基础。"

看到江定仙教授对自己的肯定和赞赏，施光南有一种绝处逢生的惊喜，他想着自己"良好的音乐感觉和作曲才能"，便下决心继续追求音乐之路。很快，他搭上东去的列车，来到海河之滨的天津，开始新的学习过程。

施光南的成功，得益于母亲的支持和江定仙教授的赞赏。母亲对施光南考音乐学院的支持让他坚定了报考的念头，而考官江定仙教授的鼓励则让他有了继续学习音乐的信心和勇气。面对起步晚、基础差等困难，施光南几乎丧失了勇气。正是江定仙教授及时的赞赏和建议，成就了他的音乐家之路。

美言美语

> 一句赞赏的话，哪怕是无意间说的客套的恭维话，都有可能改变一个人的一生。

用赞赏来引导积极性

《犹太法典》里说，"人是虚荣海里游泳的鱼"。从这一句话中，可以知道人们对虚荣的欲求非常大。如果给别人的赞赏太多，他就可能掉进虚荣的海里，那时，再多的赞赏也起不到激励的作用了。所以，既要赞赏别人，也要懂得坚持赞赏的原则，让赞赏具有引导性。

在一次课堂上，老师先后提问了10名同学，不管学生回答得是否正确，老师的评价总是"好，请坐!""很好，请坐!"有些回答甚至是完全错误的，老师也回答说"好、很好"。

这样的唯唯诺诺是真的赞赏吗？这种虚假的赞赏对学生有激励作用吗？毫无判断标准和针对对象的乱夸只会误导学生的审美感受，让他们感觉到赞赏疲劳。

在赞赏别人时要正确地给出具体评价，而不是含糊不清地一律称"好"。如果一味地赞赏别人的好，而不指出他的缺点在哪里，又好在哪里，那么，这些赞赏可能给人留下错觉，让人看不到自己的不足，失去了改正的机会。

赞赏需要有一个尺度。如果对别人一味地夸奖，那么，他就会感受不到赞赏的力量，而是觉得厌倦。

有一个班的学生反映，他们的老师经常发表赞赏，让他们觉得很无趣，他们觉得老师的回答像机器一样程序化，一点儿也不真实。那个老师总对学生说："你极有天赋！""你非常聪明！"刚开始，大家还美滋滋的，尝到"快乐教育"的滋味！

后来，慢慢地学生们就觉得不对劲儿了——她对每个人都这样评价，而无论谁学习上遇到困难，她都会大而化之地肯定："你一定能成功！""你是最棒的！"时间长了，同学们弄不清自己的真实情况，渐渐开始在老师的表扬中迷失。

"老师的表扬太廉价了，没有原则，显得虚伪。"那个班的同学评价说。

很显然，这个老师没有弄清赞赏的尺度和方法，不会巧妙地运用赞赏的引导作用。在他的赞赏策略中，是笼统的、不分是非的赞赏。这种赞赏，误解了赞赏的本意是引导对方朝好的方向发展。

赞赏虽然是种行之有效的教育方法，有时甚至可以起到点石成金之功效，但并不是所有的赞赏都有教育价值，并非所有赞赏都能让学生产生震撼和进步。

要让赞赏具有引导性，在赞赏时要注意以下几点：

1. 将赞赏具体到某一个行为、某一件事情。

不要直接赞赏整个人，而应该赞赏具体行为。也不要夸大其词，这样会使人沾沾自喜，自以为了不起。

2. 赞赏的话语，要侧重于一个人的努力，而不是他的天赋。

把你的话集中在行动和努力上，而不是本身的特点和性格上。说一句"我能看出来你真的在这件事上下了功夫"，就比说"你真聪明"要好。研究表明，当一个人的努力受到称赞，之后当他们遇到困难时，他们往往能再接再厉，不断尝试。

同一项研究显示，当学生被称赞为聪明之后，当他们在遇到困难问题时更倾向于放弃。被人称赞为聪明的学生更倾向于放弃努力，因为他们不愿意冒险去尝试可能无法完成的任务而失去被认可的机会。

3. 不要重复称赞某件事情。

一个人经过努力做出了成绩，或者他做完了他理所应当做的事情，他都应该得到赞赏。但在日常生活中，注意不要重复称赞某件事情，当一个人养成良好的习惯后，就可以适当减少对这一方面的赞赏。

4. 当一个人有不良行为时，不要以赞赏向他表示妥协。

有的学生在家里受到溺爱，到学校就蛮不讲理。有些父母无原则地对孩子的种种行为加以赞赏，造成孩子是非不分，骄横跋扈的坏习惯。到了学校之后，也希望老师哄着、惯着。这时候，老师一定不能屈服。学生做了不对的事情，即使哭闹、耍赖皮也千万不要迁就他、说好话。否则，赞赏就会失去原有的积极意义。

美言美语

> 我们既要学会欣赏别人，又要具备赞赏的技巧，不可以滥用赞赏语言，对别人的赞扬必须是由衷的、得体的、具体的、因人因事因场合而异的。有时，我们通过一个眼神、微笑、鼓掌、拍拍对方肩膀等非语言行为，也能使别人感到一种温馨和鼓励，让别人心领神会，回味无穷。

赞赏最易打动人心

赞赏是一门艺术，要通过语言来表达。甜言蜜语能暖人，说到深处动人心；妙语连珠显智慧，生动灵活应变强。在赞赏的话语中，能说会道者能见机行事，美言美语脱口而出，令满堂喝彩，全场开怀。

人人都爱听好话

在生活中，很多人都喜欢听好话，虽然有时候明知这些话不一定真的很准确，但是在听到的时候，还是不免开心快乐、得意洋洋。

在古老的《伊索寓言》中，有一则《乌鸦和狐狸的故事》，故事中，狡猾的狐狸用甜言蜜语骗走了乌鸦已到嘴边的食物。

有一天，乌鸦到处寻找食物，它找到了一块肉。乌鸦非常高兴，站在高高的树枝上，打算享用这块肉。这时候，一只狐狸从树下经过，它看见乌鸦口里的肉，口水都快滴出来了。

"如果我能吃到那块肉，该有多好呀！"狐狸转了转眼珠，心里打起了鬼主意。这棵树很高，狐狸爬不上去，于是它想："我试一试别的方法。"

狐狸笑眯眯地对乌鸦说："早上好！"

乌鸦嘴里叼着肉，没有理睬狐狸。

狐狸开始赞美了："啊！美丽的乌鸦，你的眼睛多么灵活！羽毛多么漂亮！身材多么好看！你的嗓子一定很甜美，你能给我唱支好听的歌吗？"

乌鸦听了狐狸的恭维话，心里美滋滋的。它想："唱歌还不容易吗？"

连忙张开嘴唱起来:"哇……"

乌鸦刚开口,肉就掉了下去。狐狸急忙把那块肉衔到洞里去了。

《狐狸和乌鸦的故事》很多人都耳熟能详。它的寓意主要是讽刺了乌鸦的虚荣心。但是,从另一个角度来说,狐狸的赞美技巧也的确高明。它看到乌鸦口里有肉时,没有直接说想吃肉,也没有把肉当作赞美对象,以求得与乌鸦分享,而是用甜言蜜语,把乌鸦从上到下夸了一个遍。

狐狸先赞美乌鸦的眼睛,接着是羽毛,然后是身材,最后才是嗓子。这所有的甜言蜜语都是为了让乌鸦张口。乌鸦在狐狸的甜言蜜语的攻势下,终于忍不住想炫耀,就失去了嘴里的肉。

甜言蜜语之所以这么让人喜欢,就是因为它能令人开心。人在高兴之余,就自然不会在乎得失,也忘记谨慎持重了。

运用甜言蜜语,可以为自己的社交打开局面。在关键的时候,甜言蜜语还能够化解矛盾。因为,甜言蜜语大多数人都爱听。

一次,科学家达尔文被邀请去赴宴。在宴会上,他恰好和一位年轻美貌的女士并排坐在一起。

"达尔文先生,"坐在旁边的这位美人带着戏谑的口吻向达尔文提出疑问,"听说你断言,人类是由猴子变来的。我也是属于你的论断之列吗?"

"那当然喽!"达尔文看了她一眼,彬彬有礼地答道,"不过,您不是由普通猴子变来的,而是由长得非常迷人的猴子变来的。"

女士听完之后,不禁莞尔。

这位女士本来是不大喜欢听达尔文的进化论的,也对达尔文的"人类是由猴子变来的"论点不以为然,但是,当达尔文在回答说她"是由长得非常迷人的猴子变来的"时,女士本来的抵触心理消失了,她觉得达尔文回答得风趣而幽默,所以报以一笑。

美言美语

> 在赞美的语言中,甜言蜜语最容易打动人心。甜言蜜语能让人心情愉快,让人戒备的心理防线随之放松,然后自然地接受你的赞美,对你产生好感。

巧妙的赞赏让人兴奋心跳

普通的赞赏话语很多人都能够说出来,但是真正高水平的赞赏说出来却很难。它需要一定的诚意、一定的热情、一定的环境、一定的契机,才能表达出来。这些美妙的赞赏一经发出来之后,便有了直视对方内心深处的魅力。从此,其他的赞赏之词都会相形逊色。

德文希尔女公爵以美丽而著名,她听到过无数次的赞赏,但有一个清道夫发出的赞赏让她终生难忘。

有一次,德文希尔女公爵从马车上下来,附近刚好站着一个清道夫,他正在点烟斗。清道夫看见了女公爵,惊叹之余大声喊:"天啊!您的眼睛可以点燃烟斗!"

这一句话点亮了女公爵的心灵,她为这一赞赏之词震颤,这是她听到过的最动人的赞赏。在这个清道夫的眼里,公爵的美丽就是每个人正急需的任何事物。"您的眼睛可以点燃烟斗!"对于一个正想抽烟的男人来说,点燃烟斗的吸引力正是无可抗拒的力量。

正是"曾经沧海难为水,除却巫山不是云"。女公爵被这一句独特的、绝妙的赞赏之词倾倒了。从此以后,再有别人用各种各样的语言来恭维她,女公爵都觉得索然无味了。

男人仿佛总有赞赏女人的天赋和才能,在他们的口里,说出来的赞赏之词总是非常容易让人心动。很多看上去并没有多少文采的男人,面对漂亮的女人时,赞赏之词也一样能说得让她心神大悦。

英国首相丘吉尔的父亲也曾经投身于选举,丘吉尔的母亲到处为丈夫拉选票。

有一天,丘吉尔夫人向一个工人拉选票,那工人却直截了当地拒绝说:"不。我当然不会投票给一个到了晚餐时间才起来的懒惰家伙。"

丘吉尔夫人闻言非常着急,连忙向工人解释说这些传言都是错误的,说她丈夫是很勤快的人。那工人看了夫人一眼,很高兴地说:"哇!夫人,您若是我的妻子,我宁愿每天都陪你躺着,根本就不要起床了。"

工人的幽默,对一位贵妇而言也许有些失礼,但英国人通常不认为这是"吃豆腐",可以一笑置之。他虽然不愿意投出他的一票,却把丘吉尔的父亲不愿起床的原因解释为是夫人太漂亮了。这样的借口真让人忍俊不禁。

美丽的女人总是容易也喜欢听到男人的赞美。在这些赞美声中,有不少经典之作。97岁的丰特奈尔也是一个非常懂得赞美女人的人,有一位受到他赞美的女士,对他的赞美久久不忘。

丰特奈尔是一位著名的科学家和文学家,97岁时还谈笑自若。

一日,丰特奈尔在社交场合遇到了一位年轻貌美的女子。丰特奈尔对那位女子说了很多恭维话。但是,过了一会儿之后,当丰特奈尔又一次经过那位女子面前时,他却连正眼都没有看她。

那位女子觉得自尊心受到了伤害,她想,这位男士明明刚才还恭维连篇,怎么转眼之间却对自己视而不见。

于是,那女子找到丰特奈尔,她说:"我该怎么看待你的殷勤呢?你开始还说我魅力四射,可是刚刚经过我时,不但没有打招呼,甚至都没看我一眼。"

丰特奈尔笑容可掬地回答说:"我如果看你一眼,我只怕自己就走不过去了。"

那女子听了这句赞美之后,展开了开心的笑容,她体会到了终生难忘的赞美。

丰特奈尔的这一句赞美,胜过了他之前的所有赞美。他的言下之意是:"你的美丽足以吸引我,让我一直待在你的身边而不能离开。我为了到别的地方去,在经过你时,只能不看,才可以抵挡你的诱惑。"女子听了这样的赞美,当然心情开朗了。

美言美语

> 赞美的语言充满了技巧和魅力。它可以从不同人的口里说出来,可以以不同的方式表达出来,但是,真正高超的赞美技巧,真正打动人心的赞美之词,总是能让人怦然心动。

妙语连珠巧赞赏

《战国策》中说:'三寸之舌,强于百万雄兵;一人之辩,重于九鼎之宝。'语言的作用有时胜于"百万雄兵",可见其作用之大。

在赞赏的艺术中,赞赏如果能与好的口才联系起来,在妙语连珠中表达自己的赞赏之意,就会让赞赏来得更令人心动。

妙语连珠的赞赏既可让自己左右逢源,也可以在关键时刻化解人际危机。

纪晓岚是乾隆时期的大学士,他博学多才,能言善辩,被世人称为"铁齿铜牙"。在伴君如伴虎的官场生涯中,他多次凭借自己的机敏和善辩化险为夷。

有一次,纪晓岚在皇宫翰林院主持编著《四库全书》。当时正值盛夏,体胖的纪晓岚难忍酷热,便脱衣光背,把辫子盘在头顶,伏案阅稿。这时正巧乾隆皇帝从外面走了进来,等到纪晓岚发现时,穿衣服已经来不及了。怎么办?有了!他一猫腰,钻入案下,并将桌布拉好,准备等皇帝一走,再出来继续工作。谁知,这一切都被乾隆看到了。他不动声色来到纪晓岚案旁,坐了下来,并示意四周惊惶失措的众人安静下来。

肥胖的纪晓岚在不通风的案下热得实在受不了了,在倾听屋内确无异常动静后,以为乾隆皇帝走了,便撩起桌布露出脑袋问:"老头子走了吗?"

"老头子"这三个字可把乾隆皇帝惹恼了:"纪晓岚,不得无礼,什么老头子,别的罪可饶,你凭什么叫我老头子?如果讲不出道理立即赐你死罪!"

纪晓岚却不慌不忙,从容答道:"'老头子'这三个字是大家公认的,非臣臆造。容臣详说:皇帝称万岁,岂为不老?皇帝乃国家首领,岂不为'头'?皇帝乃真龙天子,岂不为'子'?'老头子'三字乃简称也。"

乾隆听了,哈哈大笑,说道:"好个能言善辩的纪晓岚,虽苏秦、张仪再生所不及也!朕赦免你的死罪,起来吧。"

能言善辩的纪晓岚凭着如簧之舌救了自己的一条性命，他既用巧妙的语言解说了"老头子"三字的涵义，又在解释这个涵义时将乾隆皇帝与"万岁"、"首领"、"天子"这些称号联系起来，让乾隆觉得这个解释很容易接受，免了他的罪。

纪晓岚的赞赏显示了高妙的技巧，他抓住了皇帝重视皇威的特点，字字围绕着至高无上的皇权来解说，乾隆如果直接否认了他的说法，便是损了自己的皇威。所以，皇帝也在他的辩解之下哈哈大笑，不再责怪他了。

妙语连珠，妙就妙在能让对方听后觉得你的话有道理，也认同你的说法。这种融赞赏于说服的技巧，总是让人不忍拒绝。

1860年，林肯作为美国共和党候选人参加总统竞选，他的对手是大富翁道格拉斯。

道格拉斯租用了一辆豪华富丽的竞选列车，车后安放了一尊大炮，每到一站，就鸣炮30响，加上乐队奏乐，声势之大，史无前例。道格拉斯得意洋洋地说："我要让林肯这个乡巴佬闻闻我的贵族气味。"

林肯面对此情此景，一点儿也不惧怕，他照样买票乘车，每到一站，就登上朋友们为他准备的耕田用的马拉车，发表竞选演说："有人写信问我有多少财产。我有1个妻子和3个儿子，他们都是无价之宝；此外，还租有一个办公室，室内有办公桌1张，椅子3把，墙角还有1个大书架，架上的书值得每个人一读。我本人既穷又瘦，脸蛋很长，不会发福，我实在没有什么可以依靠的，唯一可依靠的就是你们。"

选举结果大出道格拉斯所料，竟是林肯获胜，当选为美国总统。

林肯的一番话，胜过了道格拉斯大张旗鼓的宣传攻势。为什么他的这番话能打动选民呢？因为林肯把自己寄予的厚望放到听众的身上，给了选民最高的信赖和赞赏。

"唯一可依靠的就是你们"，面对林肯如此高的期望和赞赏，选民们纷纷表示支持。林肯的竞选演说，是一篇绝妙的赞赏词。他诚实地说出了自己的贫穷，并诚恳地表达了对选民的厚望，为自己赢得了更多的选票。

美言美语

> 妙语连珠的赞赏让人心动、让人心服，因为它不仅顺应了人们喜欢接受赞赏的心理，而且让话语听起来顺耳而且悦心，这样的赞赏，自然无人能拒、无人忍拒，所有人都愿意开心接受了。

诙谐幽默的赞赏更美妙

幽默是人际关系的润滑剂，它作为语言艺术的一种高技巧表达方式，也可以与赞赏融合到一起。用幽默表达出来的赞赏更风趣、诙谐，能给人留下深刻的印象。美国管理专家威廉·贺奇调查了329家企业的老板，结果发现有97%的人同意在商场上具有幽默感非常重要；60%的人的认为，幽默感有助于决定个人事业成功的程度。

在赞赏中，如果能巧妙地运用幽默，可以使赞赏轻松愉快、妙趣横生。

一个贫穷的青年热烈地爱上了一个漂亮的女郎，他对她说："梦中的女神，我愿意把我所有的财产放置于你的脚下。"

女郎问："可是你没有多少财产啊！"

青年回答："你说得不错！但是比起你小巧玲珑的玉足来，它们就显得不少了！"

这个青年男子巧妙地回答了女郎的问题，赢得了良好的第一印象。如果他在回答的时候，不是通过赞美女郎"小巧玲珑的玉足"来巧妙转移目标，就不会应对得这么巧妙。

运用幽默的语言表达赞赏，然后提出要求，能让对方感受到赞赏的诚意，并很乐意接受另一方的要求。

1954年4月，周恩来总理出席讨论印支战争问题的日内瓦会议。

有一次，周恩来邀请卓别林夫妇到中国大使馆共进晚餐。席间，卓别林望着刚上桌的北京烤鸭，诙谐地说："我这个人对鸭子有特殊的感情，所以我是不吃鸭子的。"

众人忙问其故。卓别林说:"我所创造的流浪汉夏洛尔,他走路时令人捧腹大笑的步态就是从鸭子走路的神态中得到启发的。为了感谢鸭子,我从那以后就不吃鸭子了。"

当别人为此表示歉意时,卓别林却又微笑着转口说:"不过,这次可以例外,因为这不是美国鸭。"他这番话引得大家笑声不止。

这次,宴请卓别林夫妇的北京烤鸭是由跟随周恩来到日内瓦的名厨亲手烤的,只要拿起鸭骨,轻轻一抖,整个鸭身便骨肉分离。卓别林夫妇边吃边赞不绝口。

宴会即将结束时,周恩来关心地问卓别林,今晚的菜是否合胃口。卓别林风趣地说:"贵国的烤鸭,食味之好虽可说举世无双,但有一个小小的缺点,就是不能让我再多吃。"

周恩来深会其意,于是嘱咐工作人员把两只早已准备好的北京烤鸭送给卓别林夫妇。卓别林夫妇高兴得连声道谢。

卓别林不愧是一个风趣幽默的大师,他的表达充满风趣,既让人觉得在情理之中,听起来又觉得出乎意外。

一个善于说笑与幽默的人,常给朋友带来无比的欢乐,并在人际交往中增加魅力,备受欢迎。一般来说,一个人在谈吐中仪态自然优雅、语言机智诙谐、风趣、懂得自嘲、引人发笑,我们就可以说他是个具有幽默感的人。

约翰内斯·勃拉姆斯是德国著名作曲家。一次,酷爱艺术的银行家拉登堡邀请他共进晚餐,他愉快地接受了邀请。

当主人高兴而又充满自豪地把勃拉姆斯迎进客厅,只见桌子上已摆上了许多瓶葡萄酒。勃拉姆斯习惯地解下领带,坐了下来。

"亲爱的博士先生,"主人说,"您的光临使我感到万分荣幸!为了这高兴的时刻,我从酒窖里拿出最好的名酒。这是我的葡萄酒中的勃拉姆斯,请您品尝!"

勃拉姆斯的目光从斟满了酒的酒杯转向银行家。然后,他端起酒杯呷了一口。"不错!"他终于带着行家的表情点了点头,"这酒很好!不过,如果这是您的酒中的勃拉姆斯,那么,您最好还是把贝多芬拿上来!"

勃拉姆斯尝出桌上的葡萄酒是普通的好酒,然后幽默地拿自己与贝多芬的水平来类比,希望主人拿出真正最好的美酒。他这种说法,让主人觉得风趣而诙谐。

幽默是一种智慧的表现,是人类独有的特质。具有幽默感的人可以化解许多人际关系中的冲突或尴尬的情境,能使人的怒气化为豁达,可带给别人快乐,使自己到处受欢迎。

在第二次世界大战将要结束期间,东西方的首脑在埃及开罗召开会议。某一天,美国总统罗斯福急着找当时的英国首相丘吉尔洽商要事,便径直驱车前往丘吉尔的临时行馆。

久居寒冷潮湿的英国,丘吉尔对于开罗干燥又闷热的气候十分难以适应,尤其日间的气温高达40℃以上,更是令他无法忍受。几乎整个白天的时光里,丘吉尔都把自己泡在放满冷水的浴缸中消暑。

当罗斯福匆匆赶到时,丘吉尔的随从来不及挡驾。罗斯福直接闯进了大厅之中,找不到丘吉尔,耳边听到旁边一个小房间传来丘吉尔的歌声,罗斯福循着声音找了过去,正好撞见躺在浴缸中一丝不挂的英国首相。两个大国的元首在如此尴尬的情况下见了面,罗斯福马上开口道:"我有事急着找你,这下子可好了,我们这次真的能够坦诚相见了!"

丘吉尔也立即做出反应,他在浴缸中泰然自若地道:"总统先生,在这样的情形下会面,你应该可以相信,我对你真的是毫无隐瞒的。"

两位伟大领袖人物的睿智对谈,轻松地化解了人际关系危机,并让后世传为美谈。从这个小故事中,我们似乎也能够体会到幽默的无穷力量。

的确,幽默的力量无法估量。大到故事中的两个领袖交锋,小至我们每天必须面对的人际关系,良好的幽默感是化解冲突危机、增进双方情谊最佳的润滑剂。

在美国总统之中,有很多总统都留下了幽默的小故事:

乔治·华盛顿是美国的第一任总统。他有一个年轻的秘书,一天早晨,这位秘书来迟了,他发现华盛顿正在等候着,感到很内疚,便说他的表出了毛病。华盛顿平静地回答:"恐怕你得换一只表,否则我就要换一位秘书了。"

美国柯立芝总统任期快要结束时,他发表了著名的声明:"我不打算再干这个行当了。"记者们觉得他话里有话,老是缠住他不放,请他解释为什么不想再当总统了。实在没有办法,柯立芝把一位记者拉到一边对他说:"因为总统没有提升的机会。"

美国第十六任总统亚伯拉罕·林肯读书的时候,有一次考试,老师问他:"你愿意答一道难题,还是两道容易的题目?""答一道难题吧。"林肯很有把握地说。"那你回答:鸡蛋是怎么来的?""鸡生的。""那鸡又是从哪里来的呢?""老师,这已经是第二道题了。"

美言美语

> 　　幽默感的养成,来自平时能够适时地放松自己,以愉悦而达观的眼光来看待事物,并能适当地给予不同角度的消遣。只要不流于批评谩骂、尖酸刻薄,恰到好处地发表议论,或是对自己解嘲,都会是受欢迎的幽默方式。

灵活机变的口才让赞赏生辉

说话要灵活,要根据时间、地点、气氛、态势、主客双方的身份、关系等因素,采取灵活多样的方法。

在赞赏他人时,也需要灵活机变。见机行事、看人说话是具有良好口才的人的最优秀的能力。在赞赏他人时,将这些优势融入进来,就会把赞赏的效果发挥到极致。

有时候,灵活机变的赞赏可以让人从困境中解脱出来。

明朝建立后的某一天,明太祖朱元璋在大殿上想,江南之地已归己有,便命画工将江南山川画于殿壁上。画工答道:"臣未遍迹山川,且才识浅薄,不敢奉诏。"

朱元璋勃然大怒："小奴才，胆敢违旨抗命，可否知罪？"于是立刻命令刀斧手欲将画工推出去斩首。

画工一看形势不对，急中生智道："陛下息怒。您遍历九州岛，见多识广，而且是您的江山，您了如指掌，劳陛下先画个轮廓。"

朱元璋一听，转怒为喜，挥笔画了一个轮廓，然后让画工润色。

画工又说："陛下江山已定，岂可动摇？"

这话说得朱元璋心头大喜，不但免去画工死罪，而且赏他银两三百。

在这个故事中，画工在整个故事中都没有动笔，只是改变了说法，取得的效果就完全不一样。当他直接拒绝画江南壁画时，险些被斩首。在危难之际，画工想到了赞赏的方法，他请求皇帝先画一个轮廓，并赞赏皇帝"遍历九州岛，见多识广"，朱元璋果然心情愉快地画了轮廓。当皇帝要画工润色之时，画工又一语双关地说"陛下江山已定"，让朱元璋觉得此画不需再改。于是，画工不动笔墨，就获得了赏银，免去了重罪。

说话灵活机变是一门很高的技巧，它能让对方在无形中改变自己的想法，按照说话者的意图去行动。有时候，要求如果直接提出来，有可能被拒绝，但是如果用灵活的方式转个弯说，则容易让人接受。

说话的艺术胜在随机应变。在很多外交场合，有些问题不便回答，需要采取灵活的技巧来应对。

据说，美国国家安全事务助理基辛格博士当年秘密来华，谈判之余与周恩来闲聊时说："世界上总理有'铁嘴'之称，你能不能把我从这间客厅里说到门外去？"周总理笑着说："我没有那样的本事。但是，你如果站到大厅外边去，我可以想办法把你说回来。"基辛格说："能把我说回来也行。"说着就径直走到大厅外边去了。这时，周总理笑着说："回来吧，我已经把你说到外边去了。"基辛格听了也佩服地笑了起来。周恩来的灵活机变让基辛格心悦诚服。

有一次，陈毅用灵活机变的口才避开了外交敏感话题。

在一次中外记者招待会上，一个西方的新闻记者向当时的外交部长陈毅发问："最近中国打下了美国制造的高空侦察机，请问用的是什么武器？是导弹吗？"

面对这种情况,陈毅元帅风趣幽默地举起双手在空中做了个动作,答道:"记者先生,我们是用竹竿把它捅下来的呀!"一句话,在场的人都笑了。

如此形象而又生动的回答,让在场的人相视而笑。陈毅的回答既没有泄露军事机密,又没有得罪外国记者,让大家感受到他灵活机变的语言风格。

近代著名才女林徽因也是一个懂得灵活机变的人,她的口才让很多人折服。即使是在与丈夫的对话中,她的说话也颇具技巧。

著名诗人徐志摩与林徽因的故事众人皆知。当林徽因和梁思成结婚之后,梁思成曾问林徽因,为什么没有选择徐志摩而选择了他。

林徽因是这样回答的:"我想我要用一生来回答这个问题。"

这真是一个绝妙的回答,不但避开了拿两个优秀的男人作比较,而且能让梁思成相信她说的话,使他下定决心要表现出色,不让她失望。

从这句话里面就能看出林徽因的说话方式、处世智慧。她不像男人那样棱角分明,可是水一般的柔情却能够让人感动。如果林徽因说出徐志摩的不好,那就有损徐志摩的名誉;如果说出梁思成的不好,则会影响夫妻感情。林徽因的回答巧妙地避开了话锋,表达得恰到好处。

美言美语

> 语言不仅是一门学问,也是一门综合性的艺术。如果掌握了这门艺术,一张"好嘴"就能起到"好胳膊好腿"都起不到的作用。

赞赏带来轻松气氛

在人际交往中,有时候会出现些尴尬场合,如果这时候能对造成尴尬的双方以合适的赞赏,双方便会冰释前嫌,缓解冲突。

1889年,清朝政府任命张之洞为湖北总督。

上任伊始,适逢新春佳节,抚军谭继洵为了讨好张之洞,设宴招待张之洞。不料，在酒席上，谭继洵与张之洞因为长江的宽度争论不休。谭继洵说长江的宽度是五里三，张之洞认为是七里三，两人各持己见，互不相让。

眼见气氛非常紧张，席间的在座各位也不敢轻易出声，生怕厚此薄彼，惹下祸根。这时候，末座的陈树屏及时打了圆场，说："水涨七里三，水落五里三，制台、中丞说得都对。"

这句话给两人解了围，谭继洵和张之洞都抚掌大笑。

陈树屏巧妙而得体的圆场话，既缓解了谭继洵与张之洞之间的争辩气氛，又让双方都有面子，所以得到了双方的赏识。

第二次世界大战期间，荷兰被德军占领时，荷兰流亡政府在伦敦设立总部。荷兰总理原来很少出国，几乎不会说英语。首次会见丘吉尔时，他向英国首相伸出手，本来想说"您好"，脱口而出的却是"Goodbye"！

"先生！"丘吉尔诙谐地说，"我真希望所有政治性会见都如此简短而切中要害。"

巧妙的赞赏能给人轻松的感觉，让人原来的不快都烟消云散，重新拥有好心情。

有位华侨老太太登泰山时，不小心把自己心爱的长裙划破，顿时游兴大减，山路也不愿走了。

陪同她的女导游见状，和颜悦色地说："您看，这是泰山对您有情，不要您匆匆离开这儿，叫您多看几眼呢！"

老太太听了，立即转忧为喜，站起来继续登山了。

恰到好处的解说和赞赏能让人摆脱忧虑和其他不良情绪，保持好心情。在面对一些严肃和沉重的话题时，如果能辅以赞赏，也可以减轻沉重的分量，让气氛更轻松和谐。

1981年3月30日，里根在一次演讲前，被一个金发年轻人用左轮手枪袭击。打在防弹车上的子弹反弹进他的胸部，击断了他的第七根肋骨后钻进左肺叶，距离心脏仅3厘米。

面对此情此景，里根身边的亲人和朋友们都心情沉重。为了缓解一下这种悲伤的氛围，年已70高龄的里根在得知自己已经脱离危险期后，大声对身边的人说："好消息！快给我们弄几个尿盆来，我们又可重聚在一起了。"

里根的关于"弄几个尿盆"的说法让身边的人不禁失笑,气氛也随之轻松。在政治交往上,里根也时常运用语言艺术来协调气氛。

有一次,里根访问加拿大,在发表演说的过程中,有一些反美分子不时地打断他的演说,表达出明显的反美情绪。

加拿大的总理皮埃尔·特鲁对于自己的国民的无礼行为感到非常尴尬,在与里根谈话时也不知如何解释。面对这种困境,里根反而面带笑容地说:"这种情况在美国是经常发生的。我想这些人一定是特意从美国来到贵国的,可能他们想使我有一种宾至如归的感觉。"

听到这话,尴尬的皮埃尔·特鲁禁不住笑了。

美言美语

> 赞赏和灵活的说话方式可以制造轻松的沟通氛围。因为赞赏可以使人身心放松,人们在放松之后,更容易放开心胸,融洽地交流和沟通。所以,要为谈话创造一个轻松的气氛,就要经常记住赞赏的方法,运用恰当的赞赏来调节氛围。

赞赏要顺势而言

赞赏需要顺势而言。对不同的人需要用不同的赞赏方法。对一个喜欢夸张的的人赞赏之言不必太含蓄,而对一个生性腼腆的人又不宜将其夸得天花乱坠。

人们常说:"见什么人说什么话。"不同的人喜欢听不同的话。赞赏要根据对方的喜好和需要顺势而言,巧舌如簧的赞赏能让人听了心情舒畅。

张亮是某机关处室里出了名的"名嘴",他不但在业务上能言善道,而且在人际关系上也是左右逢源,被大家封为"接待"。一有什么活动,张亮都被委派为调节气氛的角色,他总是让大家感觉到有"乐子"。

这一次,机关处室召开各基层干部的联谊大会,张亮被分派来参加组织工作。张亮负责接待各位基层干部。一大早，他就站在会场门口，等待着干部的到来。

刘科长开着自己的座驾到了，张亮上前为他打开车门，并赞道："风光、风光，科长香车帅哥，气派非凡呀！"刘科长满意地带着微笑入场了。

接着，张科长坐着出租车到了，张亮又上前为他打开车门，称赞道："潇洒、潇洒，出租车是最方便的交通工具，一招手就来，轻松又方便。"张科长听了，点点头进入了会场。

宋科长比较年轻，骑着自行车就来了。他停好车，刚锁上，张亮便跑过来了。张亮称赞道："廉政、廉政，您真是一个清廉的好官。如果当官的都像您这样为民着想，老百姓还有啥抱怨的？"宋科长听了，心里乐滋滋的。

孙科长住得不远，所以是步行而来。张亮客客气气地迎上去，称赞道："时尚、时尚，现在追求健康的人都选择走路，好多富贵病都是缺少运动！"孙科长听了，觉得自己很有面子。

这时候，跟张亮一起负责接待的李涛忍不住问："如果哪个科长是爬着来的，你怎么说接待的话？"

张亮立刻竖起大拇指说："哎呀！您真是……稳当、稳当！"

说完之后，两人大笑。

张亮不愧是处里的名嘴，赞赏人的话张口就来，而且说起来还一套套的，让人忍俊不禁。他说的话，妙就妙在随着每个人使用的交通工具的不同，选择不同的赞赏词。这些词又都充分地体现每个人的交通工具的特色。他的赞赏词说出来，让对方感到自己很有面子。这就是针对不同的人顺势说出的不同的赞赏。

对不同的事也可以用不同的语言来赞赏。对农民而言，天气晴朗可以说"这样的天气真好，正好外出干活，秋天有好收成"；天气阴雨的时候可以说"这样的天气真舒服，你可以在家轻松一会儿，好好歇歇了"。每件事都有它的值得赞赏的地方，找到适合的赞赏点，顺势而为，就能让人听来心情舒畅。

有一位理发师傅新收了个徒弟。

徒弟给第一个顾客理完发，顾客照照镜子说："刘海留得太长了。"徒弟不语。师傅则在一旁笑着解释：刘海长使您显得含蓄，这叫深藏不露。"顾客高兴而去。

徒弟给第二个顾客理完发，顾客照照镜子说："刘海剪得有点儿短。"徒弟又无语。师傅再次笑着解释："刘海短使您显得精神、朴实。"顾客听了欣喜而去。

徒弟给第三个顾客理完发，顾客笑着说："花时间挺长的。"徒弟无言。师傅则说："为'首脑'多花点儿时间很有必要，您没听说：进门苍头秀士，出门白面书生？"顾客大笑而去。

最后，日落三竿，傍晚的时候，徒弟给第四个顾客理完发，顾客笑道："10分钟就解决问题。"徒弟不知所措。师傅抢着答："时间就是金钱，做任何事自然要速战速决。"顾客欢笑告辞。

晚上关门后，做徒弟的怯怯地问师傅："我没有一次做对，您为什么次次替我说话？"师傅宽容地笑了笑："我之所以在顾客面前鼓励你，原因有二：对于顾客来说，是讨人家高兴，因为谁都爱听吉言。对于你而言，既是鼓励又是鞭策，万事开头难，我有信心你以后会把活儿做得很漂亮。"徒弟很受感动，从此，越发刻苦学艺，技艺日益精湛，理发店的生意也越来越红火。

徒弟给顾客理发，因为手艺不精，所以问题百出。理出来的头发有的长，有的短，花的时间也时长时短。顾客们对各种情形提出自己的不满，师傅都轻而易举地予以化解。师傅用于应对顾客的方法，就是根据不同的事情顺势而为施展赞赏。

赞赏要顺势而为，还包括见机行事。当你说的话题对方不感兴趣时，要尽快转换话题；当你直接赞赏的方式得不到承认时，马上改用间接的方法；如果对方对你的赞赏表现出不屑，就要立刻停止。

美言美语

> 顺势而为的赞赏，关键就是要根据具体的情形说话，因人而异，因事而异，让对方听了心里舒服。把握了顺势说话的技巧，赞赏就会说得深得人心。

赞赏要考虑表达的顺序

赞赏在表达时要注意方法。同样的文字，不同的句式、不同的顺序、不同的停顿、不同的语气都会产生不同的效果。所以，在表达赞赏之前，先要想好你要说的话，并按合理的顺序排列出来。

一般的，跟他人第一次打招呼，要用由浅入深的顺序来交往。

每天下班，朱源路过公园时都看到一个女孩儿坐在椅子上看书。朱源觉得那个女孩儿很美、很有气质，正是他非常喜欢的那一种。朱源很想和女孩儿交个朋友、套套近乎。

这一天，朱源买了一朵玫瑰花，走到公园里。他走到女孩儿面前，非常礼貌地说："姑娘，我每天路过这个公园，都看见你在这里看书。你读书的神态和公园的风景配合在一起，简直是一幅绝美的画面。我冒昧地进来，是想送你一朵花，表达我想认识你的诚意。"

女孩儿开心一笑，接过了朱源的花。

在这一段交往的过程中，朱源先从女孩儿每天看书说起，然后赞赏女孩儿的神态美，最后才送花，表达自己的交往愿望。这样循序渐进，女孩儿觉得完全可以接受。如果朱源不是用这种先铺垫后行动的方法来表达，而是一直走到女孩儿面前，说："我想认识你，请接受我的玫瑰花！"姑娘可能觉得他很唐突，或者不愿意被他打扰，直接拒绝他。

当你要表达的事情有因果关系或者递进关系时，要尤其注意句子的顺序。因为这种顺序会直接影响表达效果。

不同的语句的顺序，会带给对方不同的感受。当你想用感情打动他人的时候，要注意把联系你们的感情的纽带放在说话的前部分，这样便于通过句子排列的顺序来增进感情。

方露是一个聪明乖巧的女孩儿，她很懂得说话的技巧。这一天，方露在跟小伙伴们一起聊天时，说起自己不小心打碎了爸爸的古董茶壶的事。

"我昨天不小心把爸爸的古董茶壶打碎了。"

"你爸爸肯定打你了吧？"方露的好朋友袁咏关心地问。

"呵呵，还好。幸亏我回答得好。"

"你怎么回答的呀？"袁咏好奇地问。

"我走到爸爸房间，轻轻地说：'爸爸！我给您泡茶，泡了这么多年，都很小心，可是今天不知道是怎么搞的，把茶壶打破了。'爸爸听了，先是一愣，然后就摇了摇头，说：'破了就算了，改天再买一个新的吧。'"

袁咏听了，觉得方露的这个回答很不错。

事有凑巧，没几天，袁咏也把她爸爸珍爱的茶壶打破了。她慌张之余，便战战兢兢地报告："爸爸！我打破了茶壶。"

"什么？你把茶壶打破了？你怎么这么不小心？那是我最喜欢的茶壶，都用了几十年了。"

"爸爸！可是我今天不晓得是怎么搞的……"袁咏试图解释。

"你粗心大意，做事心不在焉。"爸爸气愤地责骂。

"可是，我给您泡茶，泡了这么多年……"袁咏还想解释。

"你还争辩？"爸爸气得要跳起来了。

几乎相同的事情，几乎相同的话语，只是因为换了一个顺序，表达的意思就完全不一样，两个爸爸的反应也完全不同。方露先从表述自己对父亲的孝顺开始说起，然后再谈到自己的过失，父亲在感受到女儿孝顺的同时，就原谅了她的过失。袁咏从打破茶杯说起，父亲心疼茶杯，就情绪不好，对她后面的解释，都理解为狡辩了。

在表达时，还要注意根据事情的主次顺序调整句子顺序，先把对方关心的、最重要的信息传递出来。

说话时，句子的表达的先后顺序非常重要。先说对方容易接受的、爱听的，对方会有一个缓冲的时间，并会顺着这个思路开始考虑。当对方再听到不利的事情时，反应也就不会太激烈。如果从说话开始之时，就直接把不好的消息，或者是带有强烈刺激性的消息告诉对方，对方在还没有听完之时，就已经控制不住情绪，很可能在冲动之后，对后面的话都听而不闻。

在抗日战争后期，士兵陈忠回到家乡，他的邻居孙大妈匆匆赶来，询问自己的儿子孙健的情况。

"两颗子弹打中了他，尘土飞扬，硝烟四起，战场上茫茫一片。"陈忠正儿八经地说。

"啊！我苦命的儿呀！"孙大妈想着儿子血肉模糊的形象，声泪俱下，差点儿哭晕了过去。

过了一会儿，孙大妈才缓过一口气，问道："他还活着吗？"

"孙健被送去急救，护士们手忙脚乱。"陈忠接着说。

孙大妈再一次受到冲击，她哭成泪人，白发颤抖，她歇斯底里地摇晃着陈忠的胳膊吼道："后来呢？后来到底怎么样了？"

"好在抢救及时，他的子弹已经取出来，只是需要细心调养。"陈忠这才说到最后的治疗结果。

听到这，孙大妈才放下心来。她那颗思儿、爱儿的心，在陈忠的诉说过程中多次绞痛，她觉得自己的精神都快崩溃了。

从这一个故事中可以看出，叙述事情的顺序非常重要。如果陈忠从说话的开始就告诉孙大妈孙健的最后治疗结果，那么孙大妈在听到受伤经过时，只会感觉受惊，而不会这么痛苦了。

人们经常提到一种现象叫"说话大喘气"，这种"大喘气"的人就是把握不住关键情节，在说话的时候留下长长的悬念，让对方非常着急。故事中的陈忠，他的这口气喘得也太大了，差点儿让孙大妈吓晕过去。

 美言美语

在赞赏的过程中，有些赞赏的话要开门见山，有些要循序渐进。有时候赞赏需要气势磅礴、一气呵成；有时候需要轻声细雨、慢条斯理。不同的表达方式会带来不同的感染力，不同的语言顺序会引起不同的效果。所以，在赞赏的过程中，要想好表达顺序，让受赞赏者听起来顺理成章，一目了然。

对不同个性的赞赏

当你面对不同性格的说话对象时，就一定要具体分析，区别对待：如果对方喜欢委婉的话，你说话应该讲求含蓄一点的方式方法；如果对方喜欢直来直去，你大可不必与之绕来绕去，摆迷魂阵；而如果对方如果喜欢推心置腹，你就应该多说些诚恳质朴的话……对不同性格的人必须用不同的方式去赞赏，才会产生最佳效果，否则有可能适得其反。

对性情急躁的人

欣赏和赞美急躁之人，必须沉稳简洁。

强的同事王就是个性子急躁的人。有次刚散会，强就受到同事王的斥责："刚才，当我们都向老板提出把午餐时间延长半小时的时候，你为什么不支持我们大家的观点？你为什么这么自私？处处吹捧老板，难道你以为这样就会获得升职吗？"

强听到第一个指责的时候，就准备反击，但是他先忍了下来，让对方把话说完。然后他尽量心平气和地回答道："我能理解你的提议，你也是为了大家好，但是你的建议对我来说并不适合，这将意味着下班时间被延迟到六点，你知道，我和另外一些同事住得比较远，六点天已经很黑了。请你也理解我的立场。"

接着他又赞赏地说："我知道你是为大家好，希望大家在中午能多休息一会，你是一个性情率直、心胸坦荡的人，也是一个愿意为大家的利益敢说敢做的人，我很欣赏，也很敬佩你的这些优秀品质。也希望你能原谅我的这点私心。"

说完这番话过后，强走回自己的座位，他把自己的想法讲了出来，也适当地赞赏了对方的优秀的品质。想不到的是，第二天，王主动过来向他道歉："我这人性子比较急，昨天……"

所以，遇到脾气急躁的人，你只做到：沉稳、简洁，并给以适当的赞赏，就能获得对方的理解和信任。

性情急躁之人一般都比较率直，也比较重义气、重感情。只要你能准确地对他的优点加以赞赏，尊敬他，视之为朋友。他会加倍报答你，并维护你的利益。所以，和这种人说话时，不一定非要那么客套，或讲什么大道理。你只要以诚相待，他必定以心相对，你赞美他，欣赏他，他一定会视你为知音和知己。

喜欢听赞美的话正是急躁之人的一个特点，所以，在与其交往中，宜多采用正面的积极方式，去赞赏他的优点和长处。

美言美语

> 对性情急躁之人的赞美要简洁明了、真实准确，不用拐弯抹角。

对争强好胜的人

不要争强好胜伤人面子，否则你的赞赏就是无效的。

从前有一显宦，公事之余，喜欢下棋，自诩是国手。甲是其门下一名食客。有一次，甲与该显宦对弈，一出手便表现出咄咄逼人之势。显宦自知遇上劲敌，不多久，就显得心神大乱，汗涔涔而下。甲见对方焦急的神情，格外高兴，故意留出一个破绽。显宦发现了，抓住机会立即进攻，满以为可以转败为胜。谁知甲突然使出杀手锏，一子落盘，很得意地说道：

"你还想不死么？"该显宦正杀得性起，突遭此打击，心中大为恼火，立起身来就走。

据说该显宦向来着意于修养，胸襟比普通人宽大。不过被甲这么一"逼"，也觉得颜面大失，颇为不快。因此对甲始终耿耿于怀。而甲呢，却是莫名其妙，他始终不懂得为什么该显宦再也不与他下棋。可叹的是：该显宦本可使甲飞黄腾达，只是为了这一点不快，老是不肯提拔他，甲只好郁郁不得志，以食客终其身。更可叹的是：他终其一生也没有找到自己不得志的原因，以至自叹命薄。唉，他既是如此好胜的人，又怎么能知道是因为自己过于争强好胜，伤及对方面子，以至因小失大呢？

正如"甲"一样，在我们身边，争强好胜的人也是不少。他们总是追求表面的光彩，喜欢哗众取宠，喜欢有人追随其左右的"面子"生活。对于他们来说，你伤害了他的"面子"，他会将之视为"奇耻大辱"，会一直耿耿于怀，并可能随时找机会进行报复。但他们始终不想想的是：自己的"面子"如此重要，别人的"面子"岂不也重要吗？

有一年，英国退役陆军元帅蒙哥马利访问中国。一次在河南洛阳参观，他好奇地走进一家剧院，剧院正在上演豫剧《穆桂英挂帅》。当他了解该剧的剧情后，连连摇头，说："这个戏不好，怎么能让女人当元帅？"于是，他和中方陪同人员发生了一个小小的争论。开始时，中方陪同人员解释说："这是中国的民间传奇，群众很爱看。"蒙哥马利立即断言："爱看女人当元帅的男人不是真正的男人，爱看女人当元帅的女人不是真正的女人。"中方人员不服气地说："我们主张男女平等，男同志能办到的事，女同志也能办到。中国红军里就有很多女战士，现在解放军里还有位女少将呢！"蒙哥马利毫不退让："我一向对红军、解放军很敬佩，但不知道解放军里还有一位女少将。如果真的是这样，会有损解放军声誉的。"中方人员又反驳说："英国女王也是女的。按照英国的政治体制，女王是英国国家元首和全国武装部队总司令，这会不会有损英国军队的声誉呢？"蒙哥马利突然语塞，无话可说了。

显然，蒙哥马利对这个争论结局，感到有些难堪，心中的不悦之感是可想而知的。事后当周恩来总理知道这件事时，严肃地批评了有关人员，并指出:"他有他的看法,何必去反驳他?""弄得人家无话可说,你就胜利了吗?"从这件事中,我们可以悟出人际交际中一个不可忽视的重要原则:"不要争强好胜伤人面子"。周总理之所以要批评有关的陪同人员,就是因为那位同志当时疏忽了这一点,在争论中将自己的意见或看法强加于人,没有给对方留有充分的余地,弄得人家无话可说下不了台,有损于来宾的面子,这是不足取的。

给足争强好胜之人面子

只要我们给他们一个面子,就是给他的最好赞赏,也就不难与争强好胜之人协调关系了。

我们只要注意方式、方法,选择合适的时机,采用委婉的语气,以一种容易让对方接受的方式表明我们的观点,就能避免伤害他的自尊,既对他有所帮助,又能增进彼此的感情。如果再加上适当的赞美之词,效果就更加突出了,要知道,性格要强的人是最喜欢别人赞美他,给他戴"高帽子"的。

所以,给足争强好胜之人面子,送他一顶高帽子,是我们与争强好胜之人建立良好人际关系的诀窍。那么,如何给足争强好胜之人面子呢?

①不要用刺激性语言

一般人在情绪失控的时候,往往会口不择言,说出一些刺人的话,例如"你们那所高级学校难道没教你点什么东西吗?""你脑子进水了吗?这么简单的事都办不好!""你以为你是谁?"诸如此类的话语往往会破坏争强好胜之人的平稳心态,伤害他的自尊。即使当时勉强忍耐,也会留下心结,造成难以消除的后遗症。

②不要居高临下

如果你能以平等的姿态与争强好胜之人沟通,对方会觉得受到尊重,而对你产生好感;相反,如果你自觉高人一等,以一种居高临下的态度对待别人,对方就会感到自尊受到了伤害,即使你是一片好心,也会被弃如敝帚。

③不要不理不睬

在人际交往中，如果两个人的关系发展到不冷不热的程度，那往往标志着他们的关系降到了冰点。就像有人所说的，夫妻间吵架并不可怕，可怕的是两人再也无话可说，彼此视若无人。其实，这是一种最大的轻视，也是向对方尊严所做的最大挑战。任何人都不能生活在一个没有沟通、孤僻的环境中。如果你要与争强好胜之人融洽相处，那么主动去跟他打招呼吧，不要把他当成一堵冰冷的墙，他也有自尊心。

④大方地送他"高帽子"

争强好胜的人喜欢别人吹捧，你不吹捧，他自己都会忍不住吹捧自己。所以，抓住时机，给他戴戴"高帽子"，他就会非常开心，视你为知己。

> 对争强好胜之人，自己要低调，而多赞美他，给他戴高帽子。就很容易和他建立良好的人际关系。

对优柔寡断的人

优柔寡断的人，往往缺乏自信，更多地注意到自己的弱点，而看不到自己的优点，因此，当你发现他的优点之后，一定要非常肯定地加以赞美，让他相信自己的确具有这些优点，从而建立自信心。

有这样一则寓言：

场院上，一头毛驴要吃草，毛驴左右两边各放一堆青草，岂料，毛驴犯了难，先吃哪一堆呢？最后，可怜的毛驴在犹豫不决中饿死了。

笑后思量，只要自己认为对的事情，不可优柔寡断，必须付诸行动。

有的人总喜欢在做一件事前，再三权衡利弊，举棋不定，结果等到想好了的时候，机会已经丢掉了。

"力拔山兮气盖世"的项羽，可谓无人不晓，他的豪情千年以来一直为人们所仰慕和欣赏。楚霸王自小便学习"万人敌"，一生英勇无敌。但正因为他优柔寡断的性格，当断不断，才反受其乱，最后兵败于刘邦，无颜再见江东父老，自刎于乌江。破秦入关之前，项羽屯兵新丰鸿门，刘邦屯兵灞上，双方相距不远。谋士范增劝说项羽抓住这个机会，尽快攻打刘邦，而项羽却踌躇不决。这个时候刘邦手下曹无伤背叛刘邦，向项羽告密说刘邦想在关中称王，让子婴为相，并且掠夺了全部财富。项羽闻言大怒，当即发誓次日便要消灭刘邦，然而项羽刚立下誓言，一转身又听信了刘邦收买的项伯的一番花言巧语，遂打消了进攻刘邦的念头，还同意刘邦前来谢罪。

堂堂一军统帅，别人劝打就打、劝和就和，一点主见都没有，这不能不说是项羽性格的一大缺陷。如果说这一件事情只是反映项羽容易为别人的意见所动摇，不能坚持自己的主张，那么下一件事情更能反映他缺乏果敢的决断能力，白白丧失大好机会。

项羽同意刘邦前来谢罪，摆下了鸿门宴。在鸿门宴上，范增屡次示意项羽杀掉刘邦，可是项羽却总是下不了决心，默默不应。后来范增见项羽拿不定主意，就自己招来刺客项庄，让他以舞剑为名，找机会刺死刘邦，不料项伯也拔剑起舞，暗中保护刘邦，项庄屡屡不能得手；面对项伯如此明目张胆的行为，项羽却视而不见，姑息纵容，让范增的计划再度落空。项庄舞剑意图未果，宴会上的气氛依旧十分紧张，刘邦欲走不能走，想留不敢留。就在这个时候，闯进了个樊哙，将项羽大骂了一通，项羽非但没有发怒，反而称樊哙为壮士，赐酒赐肉，对他很是敬重，可是这正在双方斗争的节骨眼上，并不是好汉惜好汉的时候。项羽的优柔寡断最终使刘邦在樊哙等人的保护下金蝉脱壳、逃之夭夭。

可刘邦就不像项羽那样优柔寡断了。当初楚汉双方在广武对峙时，项羽捉住刘邦的父亲到阵前当人质，以此威胁刘邦投降。项羽对刘邦说：今天你要是不赶快投降的话，我就把你父亲放到锅里煮了。谁知刘邦根本不为所动，反而笑道："煮就煮吧，只是到时候别忘了分给我一勺汤喝。"项羽无可奈何，要挟迫降的计划也由此落空。由此可见，在你死我活的政治斗争中，优柔寡断者注定要吃大亏，在刀光剑影的战场上，妇人之仁也绝对要不得。难怪范增在鸿门宴结束的时候感叹道："唉！竖子不足与谋。"

堂堂楚霸王，最终还是吃了优柔寡断的亏。

优柔寡断的人，性格软弱，不敢坚持自己的意见，不敢明确地表示自己的态度，总是过于在意别人的看法，于是不仅为自己内心的斗争所困扰，而且还经常为别人的意见所左右。因为靠自己的力量难以做出决定，所以优柔寡断的人便习惯于聆听别人的意见，并且过分依赖别人的意见。善于聆听，本是一个优点，但是他们过分地依赖别人，而"别人"不只一个，张三说东，李四说西，听谁的好，不听谁的好？这样想来，就更容易使自己陷入被动的局面了。

某领导是个优柔寡断的人，这一点，小刘刚分配来的时候就知道了。每次，同事们汇报工作时，领导总是半眯眼皱眉作沉思状，托着下巴听半天，然后如女人般嘤嘤："我再想想。"这一想就过了几天，领导必已忘了汇报内容，安排工作时下属还得把事情始末重述一遍，烦透了。

更让人着急的是，每次拿采购单去签认，大到固定设备的添置，小到买一只洗地用的提桶，领导一概不马上表示可否，他的惯常用语是"先放着吧，不急"。按说，几块钱的东西其实不需要深思熟虑，而且也是真的需要。可是领导总会提出这样那样的理由来搪塞：比如提桶用玻璃胶粘牢还能用，椅子不就是断根脚吗，用木桩顶上，钉俩铁钉就四平八稳了……

这些话听起来挺有道理的，发扬艰苦朴素也是中华民族的传统美德嘛！可是，领导明摆着不是此种人。小刘几番观察就摸清了领导的脾性，她决定"以招制招"。每周的汇报时间，她将内容全部一五一十整理成书面文字，条理分明，每款每项后面都预留了一个大括号，领导目光巡视到这里，无疑就要作出判定，简明扼要而一目了然的汇报方式，不立马作出"Yes"或"No"的反应还真说不过去，领导肯定也会担心下属说他没本事。

至于批复购买东西，小刘总会先打个电话去说明现有情况，然后再拿采购单进去，说这叫"先跟领导交底"。领导当然还是说着原来那些话，小刘也不争辩，她只淡淡地把目前的情况着重阐述一遍，暗示不添置将导致环境混乱、人心浮动等情况。通常这时，领导也会说出自己的看法，还是骨子里畏首畏尾的想法作祟。小刘就是不给领导缓冲空间，她进一步阐述了此间利害关系，直至冲淡领导莫须有的隐忧，最终签认。当然，有时领导也会坚持己见，叫小刘先出去等消息，单子可以留下来考虑。通常这时，小刘会一脸严肃地要回单子，然后不冷不热地说："既然这样，那我还是把单子一起拿走吧，其实我也是为办公室的整体形象着想。"话毕，即冷着脸走出领导办公室。

优柔寡断的人最怕得罪人，也怕下属心怀不满在背后嚼舌根，小刘深知其中道理。领导通常会在五分钟内感到不安，然后在七分钟内打电话叫小刘带采购单进去。

同事们渐渐发现小刘成了领导的"克星"，只要她去签单，十有八九是可以成功的，于是纷纷请其"出马"。只要是对公事有利的，她也就来者不拒。年底评比，小刘所在的部门名列前茅，费用却也远未超支。新一年竞聘时，小刘当上了办公室主任，也算是众望所归。

从小刘的成功我们可以看出：面对优柔寡断的人，我们要多站在他的立场考虑，用肯定性的语言，引导他做出判断，帮助他下决心。

所以，只要掌握主动权，充分自信，从对方的利益出发思考问题，我们就不难与优柔寡断之人沟通。下面就是我们与之沟通时要注意的两个方面：

①自信诚恳，言语肯定

我们与优柔寡断之人沟通，要在言谈举止间表现出自信和诚恳，从而得到对方的认同、信任、依赖，才会有良好的效果。这主要贯穿在了解对方情况时的谈话过程中，我们要显得神态安详，言语肯定，表现出满有把握解决问题的信心。如询问过程中的插问，若用诸如"唉呀，那不就糟透了吗？"之类，那一定失败。但若用诸如"果真会这么困难？""别伤心，说给我听听，或许我能帮你解决"。在话语中使用诸如"我提几点意见给你试试"之类，显然就能吸引住优柔寡断之人的注意力，提起他的精神了。

②适当驳论，扫清障碍

优柔寡断之人，通常是一种落后的心理障碍坚固地封锁着自己。他们找到"自卑的理由"，所以不敢上进。所以，我们与之相处时有个"先破后立"的过程，就是要驳倒他们退却的"理由"，然后再鼓起其奋进的意志。

比如有几个青年人要去报考自费大专，报名之后，因听说录取条件高而优柔寡断,开始打退堂鼓。我找到他们,先批评了这种态度,驳斥了他们"现在考不出好成绩"和"考好也未必能录取"的固有"理论",指出考上的意义,使之明确学习目的。随后,我制订了"复习计划",决定帮助他们复习数学和作文。这时,这几位朋友兴头大发,争早夺晚,迎难而上。结果,通过考试,他们都取得优良成绩,这学期被当地教育学院录取了。

总之,对于优柔寡断之人,只要多用肯定性的语言,主动并有信心地引导其做出判断,就不难取得沟通的成功。

美言美语

对优柔寡断的人,你一定要坚定自己的信念,以非常肯定的认真的态度给以赞赏,他才能接受,才能建立自信心。

对目光短浅的人

目光短浅的人往往只相信自己眼前看到的事情,目光短浅、视野狭窄,缺乏推理和想象力,而且,往往坚持己见,非常固执,很难接受别人的建议。和这类人沟通,需要技巧,赞美的内容也必须是眼见为实的。

在《庄子·秋水》中,庄子讲了这样一个故事:

在一口废井里,住着一只青蛙。一天,青蛙在井边碰见一只从东海来的大龟。

青蛙自豪地对海龟夸耀说:"你看,我住在这里多么惬意呀!我要高兴,就在井边跳跃游玩,累了就到井壁石洞里休息。有时把身子舒服地泡在水里,有时愉快地在稀泥中散散步。你看旁边的那些小虫、螃蟹和蝌蚪,它们谁能比得上我呢?我独自占据这口废井,多么自由自在!先生为什么不经常到井中观赏游玩呢?"

海龟听了青蛙的一番高谈阔论,就想进入井中看看。可是,它的左脚还没有完全伸进去,右脚就被井栏绊住了。它只好后退几步,把它看到的大海的情景告诉青蛙："你见过大海吗？海的广大，岂止千里；海的深度，何止千丈。古时候，十年里就有九年闹水灾，海水并不因此增多；八年里就有七年闹旱灾，海水却不因而减少。住在广阔无垠的大海里才是真正的快乐啊！"

正如井底之蛙一样，目光短浅的人常把着眼点仅仅放在眼前很小的一片安全地带，对事情的发展没有全面的考虑，容易安于现状。唐朝大文学家韩愈在他的《原道》中写道："坐井而观天，曰天小者，非天小也"。意思是说，坐在井里观察天空，就会觉得天很小很小。其实不然，不是天太小，而是由于看天的人站得低、眼光太窄的缘故。

二战时期，德国纳粹空军元帅戈林是仅次于希特勒的二号人物，但这个自命不凡的人却是个目光短浅的人。正是由于他的目光短浅，结果造成军事上的种种失误，给德军带来了致命的灾难。

1942年初，戈林收到一份发自波罗的海海岸秘密实验站的绝密电报。在电报中，德军工程师罗森施泰因详尽地描述了他在实验中利用偶极子可以抵消雷达的发现，并提出了制造干扰对方雷达的新式电子武器的设想。罗森施泰因的发现使戈林又喜又惊：英国海空军的雷达曾一度使他大伤脑筋，如果能干扰了雷达，无疑等于挖掉了对方的眼睛。可是，戈林转念一想，德军保卫本土也是凭借和依赖雷达，如果这一新技术被英军所利用，就会祸及自身。他犹豫再三，觉得英军尚不能发现这一秘密，决定先把这一发明藏匿起来，下令烧毁所有关于偶极子的技术报告。

但事实非同戈林的想象。几乎与此同时，英国科学家科兰博士也在实验中得到了这一新发现。英军很快就以金属箔制造了一种代号为"月光"的电子装置，并在1943年7月27日对汉堡的大空袭中，把这一新装置用于实战，使汉堡遭到了毁灭性的打击。正是由于戈林的目光短浅，自作聪明地封锁新技术的军事运用，给自己的军队埋下失败的祸根。

春秋时期，吴王决定攻打荆国，但大臣们不同意，吴王就说道："谁敢提意见就杀死谁"，大臣们吓得不敢说话了。宫里有个少年，想给吴王提意见又怕被杀，就接连三个早晨带着弹弓，假装去后花园玩。终于被吴王看见了，吴王对他说："你过来，你怎么把衣服弄得这么湿？"

少年说:"花园的树上有只蝉在叫,并吮吸着露水,可是它不知道螳螂正在后面要吃它;螳螂只想抓蝉,却没有想到后面有只黄雀想要吃它;黄雀只想抓住螳螂,却不知道我在准备用弹弓打它。这三个都是只考虑眼前的利益,却没有注意到隐藏的危险啊!"吴王被少年意味深长的话提醒,决定不攻打荆国了。

这就是"螳螂捕蝉,黄雀在后"的故事。正如这位少年一样,与目光短浅者相交,我们应该充当谋士,多作启发性的引导,以帮助他们少犯错误。

小王的同事韩某是个目光短浅的人,做事根本不考虑长远的情况,很难跟人合作,人见人怕,都不愿意跟他在一起工作。他自己浑然不觉,别人却非常难受。而小王却跟他合作得很好,你猜这是怎么回事呢?

原来,小王使用的办法就是启发性地与韩某说话。与他沟通时,他从不把自己观点直接给韩某,也不让他察觉到自己是试图说服他。而是把意图隐藏起来,启发性地采用间接的方式。比如小王经常用请教的方式,先把韩某放在一个较高的位置,从而产生被重视的感觉,消除其心理上的阻抗,其目光短浅的观点往往容易转变。我们对目光短浅者进行启发性地引导时,毫无疑问地要"设身处地"地说。

美言美语

> 每个人都是希望被认同的。在取得了对方的认同之后,说起话来才方便,才容易产生预期的效果。

对嫉妒心强的人

嫉妒心强的人往往是见不得别人比自己强,尤其是身边的人,如果别人比他好,比他强,他心里就难受,所以,对这类人的赞美必须是强调他"比别人强",而且自己一定要保持低调,甚至要适当地降低自己来抬高他。

历史上，因嫉妒心而闻名的人物，最典型的莫过于周瑜和庞涓。

看过《三国演义》的人都知道，东吴大都督周瑜具有大将之材，文韬武略，运筹帷幄。赤壁之战，一举歼灭曹军83万人马，使曹操败走华容道。然而，这位显赫一时的英雄却无大将度量，心胸狭小，对才能高过自己的诸葛亮始终耿耿于怀，并屡次设计暗算，但却被诸葛亮一一识破。最终落得个"陪了夫人又折兵"。在诸葛亮"三气"之下，周瑜恼羞成怒，吐血而亡。

较之周瑜，庞涓的嫉妒可谓更胜一筹。庞涓与孙膑曾同拜于一个师父的门下，各有所长。但庞涓在出道之后，已是魏国的将军了，仍嫉妒着孙膑，怕孙膑的才情胜过自己。于是，他就生了狠毒的心，骗孙膑赴约，挖其膝盖骨，再墨型刺脸，置其于囹圄。从此，孙膑"疯疯颠颠"的，已站立不起，又破了相。后来，因他人相助，孙膑才暗中见了来访的齐国使者，见了自己的惨况，齐国的使者惊讶之余，救了他，并带孙膑一起返齐。去齐国之后，孙膑将其智慧与谋略展示给齐王，终得齐王信任，被任命为军师，为将军田忌谋划。

不久，魏国与赵国联兵攻打韩国，韩国向齐国告急。于是，齐王便让田忌当大将，前往救韩。为救韩，田忌率兵直奔魏国，捣毁老窝。庞涓闻讯，只得撤出韩国，赶将回来。这时齐兵已西去，庞涓穷追三日，见沿途的灶台逐渐减少，大喜，以为齐军懦弱，已逃遁大半，且不知正中了孙膑之计。在被刮掉半块皮后的一棵大树上写着："庞涓死在这棵树下！"庞涓追进了狭窄的山沟里，在傍晚将黑的夜色中看到那棵大树。他点着了火把，借亮光照着读那一行字。燃起的火光也告诉了四面埋伏的将士：是时候了，射！庞涓倒下了，万箭之中，他自杀而亡。但自杀之前，他说了一句话："这一仗可让这小子出名了。"这小子指的当然是孙膑。庞涓的狭隘、嫉妒，可以说是至死不变。

从某种意义上讲，每一个生活在社会中的正常人都有点嫉妒心，都比较重视别人对自己的评价，注意自己在团体中所处的地位。但如果像周瑜、庞涓这样过分地争强好胜，排斥他人，就不是什么好事情了。正如巴尔扎克所说的："嫉妒心强的人，往往以恨人开始，以害己而告终。"

培根说："在人类的一切情欲中，嫉妒之情恐怕要算作最顽强、最持久的了。"尽管这句话会令你望"嫉妒者"而止步。但真遭遇嫉妒者时，只要你有宽容的心，说宽容的话，还是可以协调好关系的。

①见怪不怪。

因嫉妒心理本身就是多疑的、爱猜忌的。所以，倒不如抱着宽容的心，将有嫉妒心的人当作普通人来看待，俗话说，见怪不怪，其怪自败。与其费尽心思去琢磨，不如来个"无为而治"，落得个"无为而无不为"的效果。

②求同存异。

常言道："身正不怕影子斜，脚正不怕鞋子歪"。相信自己的所作所为是光明正大的，就不会被别人的嫉妒所激怒。有格言说："走你的路，让人们去说吧"！我们应该学习这种精神，把别人的嫉妒之情置之度外。所以，当你遇人嫉妒时，如果能够以德报怨，用宽容去待嫉妒者，恩怨也就自然会化解了；如果嫉妒者向你发出挑战，你也不必迎战，反而应该退避三舍，以不失原则的适度宽容来求大同存小异，或是求大同存大异，都不失为化解嫉妒、免遭嫉妒的好方式。

③引以为戒。

对于别人的嫉妒，我们要善于从冷嘲热讽中发现和汲取对自己有用的东西。在被人嫉妒的时候，不妨冷静分析一下，这些讽言讽语是怎么引起的，说得对还是不对。有些逆耳的挖苦，常常说到了自己的痛处，有时比和颜悦色的批评更一针见血，击中要害，即使是完全无根据的风言风语，也不妨引以为戒。如有人说是"假积极"，那就将"切莫假积极"作为自勉，更加努力工作；又如有人说是"图表扬"，那就以此作为鞭策，埋头苦干不图利，多做好事不扬名。

在嫉妒心较重的人面前一定要保持低调，适当地降低自己来抬高对方，适当的捧捧对方，千万不可在他面前自夸和吹嘘。

对傲慢自大的人

这是当时加拿大海岸管理局人员与美国海军大西洋舰队无线电通话的真实记录。

美方：为了避免相撞，请将你们的航向向北调整15度。完毕。

加方：为了避免相撞，我们要求你们将航向向南调整15度。完毕。

美方：这是一艘美国战舰的舰长在和你们通话，我再说一遍，请你们调整航向！

加方：重复，请你们调整航向。完毕。

美方：这是美国航母林肯号，美国大西洋舰队第二大舰只。另有三艘驱逐舰、三艘巡洋舰及多艘支援舰护航，我要求你改变航向。否则，我们将采取必要的手段，以确保林肯号的安全！

加方：这里是一座灯塔。完毕。

怎么样，如此笨拙的傲慢，足够让人喷饭了吧！

正如"林肯号"傲慢的表现令人厌恶一样，傲慢的人的一般也是不受欢迎的。因为他们通常都非常自负、傲气十足、目中无人、一厢情愿、唯我独尊，都是认为自己是穷尽了真理的人。这种人一般都有一点"资格"和"本领"，在自己的工作、事业上也做出过一定的成绩。但正因如此，他们才自信到了极点，自大自傲，自我感觉一直良好，达到了自我陶醉，不可一世。他们个性孤傲，对人冷若冰霜。看人是"一览众山小"，自己什么都是对的，别人统统都是错的。这类人尽管没有跑到大街上宣布："上帝已经死了，我就是上帝"。但是，他的所作所为却是无声地宣布自己就是上帝。

三国中有一个诸葛亮挥泪斩马谡的故事。马谡何以被斩？就是因为：魏起用司马懿为帅，诸葛亮闻此消息后，考虑街亭乃是汉中咽喉要地，即要派将驻守。马谡自请军令，愿担此任。诸葛亮曾叮嘱再三，一定要靠山近水扎营，并派王平辅佐。马谡则自以为通识兵法，再加上傲慢，一点都不考虑诸葛亮的意见，又不纳副将王平之谏言，竟违令在山顶扎营，犯了兵家之大忌，结果被魏将张合打败，造成了街亭失守。像马谡一样，傲慢的人对自己的眼光和能力从来都不怀疑，有时明明是自己错了，却就是不承认；明明是将事情搞得很糟，但就是不认账；明明是自己的指导思想出了问题，却偏偏说是他人将他的思想理解错了……

傲慢者既听不进他人的劝告，就往往在错误的道路上越走越远，其结果也是可想而知了。楚汉相争之中项羽为何败于刘邦？原因之一，就在于项羽傲慢、自大无谋、沽名轻敌、骄傲自大、不可一世。他身边有一个号称亚父的谋士范增，主张在"鸿门宴"上除掉刘邦。然而在这"关键时刻"，项羽却对他的意见不予理睬，对刘邦的假意殷勤毫无察觉，反把曹无伤的告密直接告诉刘邦，反映了他只是一个有勇无谋、不懂策略、麻痹轻敌的草包将军。这样的人怎能成大事呢？

三国名将关羽，过五关，斩六将，温酒斩华雄，匹马斩颜良，偏师擒于禁，擂鼓三通斩蔡阳，"百万军中取上将之首，如探囊取物耳"。然而，这位叱咤风云、威震三军的一世之雄，下场却很悲惨，居然被吕蒙一个奇袭，兵败地失，被人割了脑袋。关羽兵败被斩的最根本原因是蜀吴联盟破裂，吴主兴兵奇袭荆州。吴蜀联盟的破裂，原因很复杂，但与关羽其人的傲慢自大有着密切的关系。

诸葛亮离开荆州之前，曾反复叮嘱关羽，要东联孙吴，北拒曹操，但关羽对这一战略方针的重要性几乎是不放在眼里。他瞧不起东吴，也瞧不起孙权，致使吴蜀关系紧张起来。关羽驻守荆州期间，孙权派诸葛瑾到他那里，替孙权的儿子向关羽的女儿求婚："求结两家之好"，"并力破曹"。这本来是件好事，以婚姻关系维系补充政治联盟，历史上多有先例。如果放下高傲的架子，认真考虑一番，利用这一良机，进一步巩固蜀吴的联盟，将是很有益处的。

但是，关羽竟然狂傲地说："吾虎女安肯嫁犬子乎？"不嫁就不嫁嘛，又何必如此出口伤人？试想这话传到孙权那里，孙权的面子如何吃得消？又怎能不使双方关系破裂？关羽的骄傲，不仅是性格脾气上，更是诸多成功和荣誉加在一起的一种迷失，觉得自己无所不能，从而看轻任何人，最后使自己吃了一个大大的苦果，被自己的盟友结束了生命。

人有了才能是好事，但如果因为自己的才能出众而狂妄自大就不是什么好事了，关羽的失败就是明证。可见，傲慢自大往往是与无知和失败联系在一起的：人一自大往往就会招人反感，自然也很难得到别人的认可和支持；人一自大就总是过高地估计自己的实力，过低地估计别人的智慧；人一自大就认为谁都不如自己，而自己却永远都是正确的。如果只读了几本书，就自以为才高八斗，无人可比；只学了几套拳脚，就自以为武功高强，到处称雄。那么，他们的结局除了失败还有什么呢？

祢衡第一次见曹操时，就把曹营中的文官武将贬得一文不值，比如"荀彧可使吊丧问疾，荀攸可使看坟守墓，程昱可使关门闭户，郭嘉可使白词念赋，张辽可使击鼓鸣金，许褚可使牧牛放马，乐进可使取状读诏，李典可使传书送檄，吕虔可使磨刀铸剑，满宠可使饮酒食糟，于禁可使负版筑墙，徐晃可使屠猪杀狗，曹子孝呼为要钱太守。其余皆为衣架、饭囊、酒桶、肉袋耳"。

祢衡说别人不行，却认为自己是个能人，上可以致君为尧舜、下可以配德于孔颜。当曹操录用他为打鼓更夫时，祢衡击鼓骂曹，扬长而去。祢衡又去见刘表、黄祖，依然是目中无人，见谁贬谁，普天之下就他一个能人。最后他被黄祖砍了脑袋，再也不能狂傲自大了。

常言道："天不言自高，地不言自厚"。一个人有多少本事，别人都看在眼里，是用不着吹来吹去的。

与傲慢之人交谈时，我们应该尽量用短句子来清楚地说明来意和要求。给对方一个干脆利落的形象，也使他难以旋展傲气，想摆架子也摆不上来。我们说话时应该简洁有力，最好少跟他罗嗦，所谓"多说无益"。当然，对于傲慢的人，他们有他们的立场和苦衷，因此我们只要理解他的光景，而不必理会他的傲慢，尽量简单扼要地交涉就对了。

人若是产生傲慢自大的情绪，那么他评判事物的标尺就会失衡就不能再正确地看待自己，并且最容易走进自己的怪圈。因为被自己头上的那层光环迷住了双眼，有些眼光缭乱，有些飘飘然，头重脚轻，摇摇晃晃，如同醉汉。如果有机会，我们应该抓住机会对傲慢自大者加以劝说，以救其脱离这样的光景。

美言美语

> 不要陷入傲慢自大的光景中。做人要踏实、厚道、谦虚，不可傲慢自大！只有踏实谦虚地做人做事，才会更加丰富自己，更加充实自己，收获自然也会更多。

对自私自利的人

曾有一个不甘安于现状的农夫，对自己的玉米田收成很不满意，于是四处打听，买来优质玉米种子，果然大获丰收。他的邻人在惊羡之余，都请求能卖些新种子给他们，可是这个农夫为保住自己的优势，断然拒绝了。不知为什么，从第二年开始，玉米的收成差了，到了第三年，更是明显地减少。最后，他终于找出了原因：原来，他的优质玉米，接受的却是邻人田中劣等玉米的花粉。

这就是农夫"自私自利"所结出的果实。"自私自利"这四个字，在我们的词典里，不太好听，经常被他人批判、谴责。为何？因为自私自利者是极端的自爱者和极端的利己者，信奉的是"人不为己，天殊地灭"这一套哲学，自私自利者在寻求自己利益时往往会损害他人的利益。

吕布就是个"自私自利"的典型。以武力而论，吕布绝对是第一高手，能在关羽、张飞两大顶尖高手前全身而退的，除他以外，再无别人。然而就是这么一位绝顶高手，却最终落得命丧白门楼。原因无它，过于自私自利是也。

吕布最初是跟随荆州刺史丁原，被丁原收为义子，曾杀得董卓大败。董卓让李肃前去收买吕布，送给他黄金一千两，明珠数十颗，玉带一条，又送他赤兔马。吕布便变了心，于晚上二更时分，提刀径入丁原帐中，丁原正在看书，就问道："我儿来有何事？"吕布道："我是堂堂丈夫，怎能做你的儿子?"就向前一刀砍死丁原。第二天吕布持丁原首级,经李肃引见,拜见了董卓,主动说道:"您要是不嫌弃,就让我做你的义子吧!"从丁原的义子一下子变成了董卓的义子,转脸就忘了刚说过的话——"我是堂堂丈夫,怎能做你的儿子"——真是"自私自利"得可笑。

后来董卓和吕布中了司徒王允的计策,因貂蝉而反目,吕布背叛了董卓,自立一方。这个时候,因为英勇无人能敌,吕布还是一方霸主。后来曹操大破吕布于定陶,吕布穷途末路投奔刘备,刘备收留了他。当时刘备暂领徐州政事,见吕布来投,就要将徐州让给他,吕布大喜之下,竟然准备接受,见关羽、张飞含怒而视,遂作罢。刘备让他住在小沛,他却乘刘备外出之际,袭取了徐州,弄得刘备仓皇逃跑,这还不算,他又接受了袁术的许诺,袭击了刘备。但是袁术的许诺没有兑现,吕布又听了陈宫的谋略,反请刘备又屯于小沛,准备将来请他当先锋,攻打袁术。不久袁术又送他二十万斛粟米,他就坐看袁术攻打刘备,不予救援。刘备写信向他求援,他听了陈宫的建议,怕袁术吞并了刘备对自己不利,又起兵救刘备,以此和袁术结下了冤仇。

三国时期,各集团之间,时而联合,时而敌对,本是极常见的事情,但像吕布这样的"自私自利",却是少见。他为了一点眼前的利益,就能杀了两个义父,对刘备也反复无常,终于导致后来势单力薄,被曹操大败于白门楼之上,他请求刘备为他说几句好话,又对曹操说愿意投降。曹操正在沉吟之时,刘备说道:"您忘了丁原和董卓的事情了吗?"曹操顿悟,喝令推下吕布斩首。

吕布最后兵败将被斩首之时,竟得不到刘备的一句好话,虽然他大呼道:"大耳贼!你还记得辕门射戟的时候吗?"也是挽救不了他的命运。这都是因为他患了一种"利益近视症"的缘故啊!像吕布这样"自私自利"之人,通常有一种非理性的占有欲,对欲望过分的迷恋、过分的占有。待人极其势利,什么事情都与自己的利益联系在一起。既然如此,他想在危急时刻得到别人的支持,又怎么可能呢?

透过吕布的一生,我们不难看出:自私自利的人关心的永远是他眼前的利益。因而他们与人相处时,永远是斤斤计较的,永远是只求回报,永远是生怕自己会吃亏。吕布是生怕自己吃亏，结果就吃足了亏；吕布自私到了极点，结果却自害到了极点。越是自私，就越不能自利，这就是自私自利者给我们的启示。

我们对自私自利的人总会看不惯他们的所作所为，因为他们总是为私利着想，不顾及他人的利益。当我们遇到这样的人，该怎么办呢？

某学校的学生小刘就遇到了这样的问题：她们寝室就有一个非常自私自利的人。小刘说看见她就不舒服，总想和她保持距离，不想和她交往。其实，小刘这样做并不是很好。和这种人保持一定的距离固然不错，但是生活在同一个屋子里，低头不见抬头见，又怎么可能完全地远离这个人，不和她有任何的接触呢。况且，如今社会上的人形形色色，几乎每个人都会有自私的一面，难道我们就因此而不和这种人接触吗？下面这个故事也许会对你有启迪意义：

据说古代有一个大官，在京师任职。有一天，从家乡传来一个消息，他老家的一位邻居，因为扩建宅院，占了他家的几尺地皮，盖了一道墙。家人忿忿不平，写信来请这位大官做主，颇有点要借助他的"权势"压倒对方的意思。这位大官倒也有趣，提笔写了四句诗："千里托书只为墙，让他三尺又何妨。长城刀里今犹在，不见当年秦始皇"。

说起来，这位大官有权有势，和家乡那位邻居比起来，应该算得上是一位"强者"。但是有意义的是，这位实际上的强者却并未利用职权。如果他下一道命令给家乡的地方官，让他们出面解决，相信地方官一定会拿着鸡毛当令箭，狠狠整治那个倒霉的邻居一顿。但那又有什么好处？如果那个自私自利的家伙吃了亏，自然就会千方百计地想办法报复。这是一；二呢，这件事张扬出去，肯定会影响到这位大官的声誉和形象，为了三尺院墙而被人耻笑，那才不合算呢！正因为大官想到了这种种后果，才选择了忍让，结果当然很理想。

却说那个自私自利的邻居见大官如此谦让，自己也不好意思了，把那道墙推倒了不算，还到处去宣传大官的清正廉明，搞得大家都知道这位大官是一位青天式的人物。从此，他的官运一发不可收拾，在任上也做了许多有益的事情！

美言美语

> 对于自私自利的人，我们不必和他斤斤计较，应该可以允许别人有自私的想法，适当地肯定其的利益。当对方发现自己的利益得到肯定，感到满意时，再去交涉问题就会迎刃而解。

对城府深的人

谈到城府深的人，即意味着这人真实的想法和心思深藏不露、让人猜不透他的意图。

唐朝女皇武则天，为了镇压反对她的人，任用了一批酷吏。其中两个最为狠毒，一个叫周兴，一个叫来俊臣。他们利用诬陷、控告和惨无人道的刑法，杀害了许多正直的人。

有一回，一封告密信送到武则天手里，内容竟是告发周兴与人联络谋反。武则天大怒，责令来俊臣严查此事。来俊臣心里直犯嘀咕，他想，周兴是个狡猾奸诈之徒，仅凭一封告密信，是无法让他说实话的；可万一查不出结果，太后怪罪下来，我来俊臣也担待不起呀。这可怎么办呢？苦苦思索半天，终于想出一条妙计。

他准备了一桌丰盛的酒席，把周兴请到自己家里。两个人你劝我喝，边喝边聊。酒过三巡，来俊臣叹口气说："兄弟我平日办案，常遇到一些犯人死不认罪，不知老兄有何办法？"周兴得意地说："这还不好办！"说着端起酒杯抿了一口。来俊臣立刻装出很恳切的样子说："哦，请快快指教。"

周兴阴笑着说："你找一个大瓮，四周用炭火烤热，再让犯人进到瓮里，你想想，还有什么犯人不招供呢？"来俊臣连连点头称是，随即命人抬来一口大瓮，按周兴说的那样，在四周点上炭火，然后回头对周兴说："宫里有人密告你谋反，上边命我严查。现在就请老兄自己钻进瓮里吧。"周兴一听，手里的酒杯"啪哒"掉在地上，跟着又"扑通"一声跪倒在地，连连磕头说:"我有罪,我有罪,我招供。"

一般地说,人们把那种将自己内心世界隐藏得很深、不轻易流露真情的人,冠以"城府深沉"的称号。这周兴、来俊臣两人也算得上有这个资格。虽然城府是每个人都有的,只不过有的多一点,有的少一点罢了。但以周兴城府之深,而来俊臣却更甚之,在这样的人面前多少令人心生恐惧。

当然,谈到城府很深,除了贬义意思,即谓这人不坦率、让人猜不透心思,不敢把他当朋友看外,褒义也是有的,即谓这人有心机谋略,思想深邃,且不愿意随便吐露。

在著名的赤壁之战中,刘备派诸葛孔明去东吴游说,试图说服东吴联合抗曹。当时掌握吴国兵马大权的,是实权人物周瑜。孔明知道,要想说服孙权,必先说服周瑜。但是,孔明并不了解周瑜的个性与为人,也不了解周瑜对抵抗曹军的态度,于是决定透过鲁肃探寻一番。

这一天,孔明在吴国重臣鲁肃的陪同下去见周瑜。周瑜听完鲁肃的军情报告后,顺口说了句:"应该向曹操投降。"周瑜之所以要这样说,是想看看孔明的反应,摸清孔明的意图。这真是强中自有强中手!孔明微微一笑,说:"将军所言极是!"之后,他又装作很诧异的样子,说:"主战派的鲁肃将军,竟然不理解天下大势。"这时,鲁肃愤怒地说:"你破坏了我们之间的协定!"其实,鲁肃事先早和孔明商讨过主战之事,这是他故意这样斥责孔明的。

孔明继续坦然地说:"吴国有一种可不受任何损失的投降方式,那就是把大乔、小乔两名美女献给曹操,这样曹操的百万大军就会无条件撤退。"接着,孔明就高声朗诵起《铜雀台赋》中一段来:"从明后以嬉游兮,登层台以娱情;见太府之广开兮,观圣德之所营;建高门之嵯峨兮,浮双关乎太清。"

诵完后,孔明继续说:"此赋是曹植所作。当曹操在漳河之畔兴建豪华的铜雀台时,曹植特作赋来赞美,赋的意思是说:'当天子即位之后,在漳河畔景盛之地建金殿玉楼,极尽庭园之美,藏江东名花大乔、小乔于此为荣'。如今曹操所以统领百万雄师窥视江东之地,实际上完全是为了要得到大乔、小乔这两个美女。就吴国而言,牺牲大乔、小乔这两个美女,等于是从大树上落下两片树叶而已。所以，不如把大乔、小乔送往曹营，如此一来问题便可顺利解决，根本不必再让将军劳神。"

周瑜一听孔明这话，勃然大怒，将酒杯掷向地上，厉声骂道："曹操这老贼未免欺人太甚！"原来所谓"二乔"乃是江南两位名花，是众所周知的美女。大乔是孙策的遗孀，小乔是周瑜的夫人。孔明的一番言语，深深刺痛了周瑜，使其抗曹的本意流露出来。于是孔明打铁趁热，详细分析形势，坚定了周瑜抗曹的决心。第二天早晨，周瑜在文武百官面前向孙权请战，并且很果断地催促孙权说："只要主公授臣精兵数千攻打夏口，臣必能一战之下而大破曹军。"周瑜被孔明这一激，才说出了自己的真意，从而成功地导演了著名的赤壁之战。

从周瑜与孔明的这段交谈中，我们不难看出城府深沉之人的特点：

城府深沉之人不愿让别人轻易了解其心思，总是通过多种方式保护自己，深藏而不露；这种人往往说话不着边际，对任何问题都不明确表态，含糊其辞，顾左右而言他；

城府深沉之人多半不愿将自己的弱点暴露出来，即使在你要求他说出答案或做出判断时，他也故意装作不懂或言不及义地闪烁其词，使你有一种"高深莫测"的感觉，其实这只是对方伪装自己的手段罢了。

城府深沉之人对事物不缺乏见解，但是不到万不得已，或者水到渠成的时候，他绝对不轻易表达自己的意见，这种人在和别人交往时，一般都攻于心计，总是把真面目隐藏起来。希望更多地了解对方，从而能在交往中处于主动地位，周旋在各种矛盾之间而立于不败之地。

我的朋友老马讲了一个故事：

"去年我们部门工作多，人手紧，于是总部便抽调上来一位统计员。他是个中年男人，正好坐我对面，自然就成了我的工作搭档。

"有次，我和他一同去总部开会，第二天上班后，本该我和他一起去向主管汇报开会精神，未想到，我刚到办公室，主管就进门来把昨天开会的精神说了个透。原来，我的搭档提前到办公室，径直去主管那里作了汇报。

"还有一次，我和他一同去联系工资卡的事，回来后正是午餐时间，我一顿饭工夫后回到办公室，主管进来笑眯眯地说：'今儿个事办得很顺利呀.'他又全知道了。我惊愕得说不出一句话来。平日里，我和搭档才聊过的事，须臾，就刮到主管的耳朵里。真正不得了，了不得，他这早请示、晚汇报、勤沟通的功夫，做得滴水不漏。

"后来，我便细细观察他，发现他只要一有空闲，就坐到主管办公室里，递烟叙话，两人面对面地吞云吐雾起来。于是，主管看他越来越顺眼，越来越称心，张口闭口是他的名字。不久，主管高升了，我的搭档顶替了他的位置。我眼睁睁地看着他平步青云。"

从老马的经历来看，与像他的搭档这样城府深沉的人相处，实是不易，也确实被他搞得非常被动。这样，我们不禁要问：到底该如何与城府深沉的人相处呢？这有没有什么技巧呢？下面，我们就一起来讨论讨论这个问题。

城府深的人攻于心计，为了获得主动，总是试探别人。正因如此，我们就要防范为先，不要成为他们的工具，不要让他们完全掌握自己的秘密，更不要为他们所利用，从而陷在他们的圈套之中不能自拔。

例如，我们与城府深之人说话时，一定要有所防范：由于这种人在说话中不会轻易显露自己的心思，也不愿随意发表对某人某事的看法，谈到关键问题时会突然转移话题或打岔。因此，在交谈中你的思想要特别集中，要想方设法窥探对方的心理，摸清他的真实意图。

如果我们能事先多掌握和了解一些有关城府深沉者的为人处事，就可加强我们交谈的分量。比如，我们可以把脸部的表情作为判断情况的依据。

美言美语

> 城府深的人，自我保护的防范意识非常强，因此，过度的赞美反而让他怀疑你是不是别有用心。对这样的人，只需肯定和赞赏他眼前已经取得的成绩即可。

对耿直的人

耿直之人敢讲真话，心胸坦荡，有说就说，心里不藏事。但情绪上来说话往往不分场合，不留情面，时常缺乏城府，容易得罪人。他们喜欢明战，而不喜欢暗斗，这和城府深的人正好相反。对这样的人，你自可大声地公开的赞赏他即可。

有一次，一个朋友对我说："这个世界耿直的人越来越少了。"我听后感到有点奇怪。随后，我轻声地问他："你认为什么样的人才算耿直的人呢？"这位朋友先是怔了一下，然后困惑地望着我说："是啊，我还没有认真考虑过这个问题。"于是，我先给他讲了一个小故事：

在一所大医院的手术室里，一位年轻的护士第一次担任责任护士。手术差不多完成了，但护士对外科大夫说："大夫，你已经取出了11块纱布，但是我们用的是12块，还有一块没取出来。"

"我已经取出来了，我们现在就开始缝合伤口。"手术医生断言说。

"不行！"护士马上进行抗议："我们是用了12块，还有一块没取出来。"

"由我负责好了！"外科医生愤怒了，他严厉地说："缝合。"

"你不能这样做！"护士激烈地喊道："我要为病人负责！"

这时，这位大夫微微一笑，举起手让护士看了看手中藏着的第12块纱布，然后说："你是合格的护士。"——原来，这位医生是在考验这位护士是否敢于负责，敢于坚持原则、真理。

这则小故事使我的那位朋友很感动。

这位护士真是个耿直的人，正如她在手术台前所表现的一样：耿直意味着自己具有很强烈的道德感，并且高标准地要求自己；耿直意味着随时准备服从自己的良知，勇于坚持自己的信念，在需要的时候义无反顾；耿直意味着不计较自己的利益得失，站出来表达自己的意见。

但是，做一个耿直的人很难，因为第一步就是敢于讲真话，时时处处不编造小小的谎言，不要小聪明，这就很难很难。于是，这就产生了一个奇怪的现象：我们一方面在推崇耿直，而另一方面耿直的人又总是惨遭不幸。

西汉时期，有个叫冯唐的，就是个非常耿直的人。他被举荐做中郎署长侍奉汉文帝时，年纪已经不小了。一次文帝乘车经过冯唐任职的官署，问冯唐说："老人家怎么还在做郎官？家在哪里？"

冯唐说："是代郡人。"

汉文帝曾经做过代王，就说："我在代郡时，尚食监高袪多次和我谈到赵将李齐的才能，讲述了他在巨鹿城下作战的情形。现在我每次吃饭时，心里总会想起巨鹿之战时的李齐。老人家知道这个人吗？"

冯唐回答说："他尚且比不上廉颇、李牧的指挥才能。"

汉文帝说："凭什么这样说呢？"

冯唐说："我的祖父在赵国时，担任过统率士兵的职务，和李牧有很好的交情。我父亲从前做过代相，和赵将李齐也过从甚密，所以能知道他们的为人。"

汉文帝听完冯唐的述说，很高兴，拍着大腿说："我偏偏得不到廉颇、李牧这样的人做将领，如果有这样的将领，我难道还忧虑匈奴吗？"

冯唐说："我想陛下即使得到廉颇、李牧，也不会任用他们。"

汉文帝很不高兴，回到宫里，越想越窝火，又召见冯唐，责备他说："你为什么当众侮辱我？难道就不能私下告诉我吗？"

冯唐谢罪说："鄙陋之人不懂得忌讳回避。"

汉景帝即位，让冯唐去做楚国的丞相，不久被免职。汉武帝即位时，征求贤良之士，大家举荐冯唐。冯唐此时已90多岁，不能再做官了，于是任用他的儿子冯遂做了郎官。

在冯唐的身上，我们就看见一个奇怪的现象：一方面他总是惨遭不幸，终老一生也没得到什么重用；一方面又有许多人在推崇他的耿直，甚至包括当时的皇帝。因为耿直敢于讲真话，不要小聪明，他得到别人的认可。也正是因为他耿直敢于讲真话，即使是皇上也敢冲撞，也就只能是被人逐出官场，虚耗时光，抑郁变老了。

可见，敢讲真话，这既是耿直之人的优点，却又是他的缺点。

谦虚接受耿直之言

有一则寓言：

一只骄傲的公鸡见鹰击长空，声震九霄，曰："何足挂齿，吾亦能飞矣。"言毕，公鸡展翅欲飞，未几即落。

有耿直之人劝曰："汝非飞翔之料也！"

公鸡不服，曰："吾所以不能飞远，恐因垣之低矮也。"遂寻一高塔，再飞，非但未能飞远，反致毙命矣！

这则寓言可以作为对我们的劝诫：此公鸡如果能理解耿直之人的劝告，如果它有一颗谦虚的心，就不会因骄傲导致猝死。俗话说的好："山不辞石固能成其高，海不辞水方能成其深"。在耿直之人面前，如果我们谦虚接受耿直之言，就能不断地得到其直言的指导和帮助，也就能不断进步。

尽管耿直的人或许会无意中得罪了别人，自己还不知道是哪儿的事情。但听者如果有容人之量，能谦虚地接受，自然对人对己都是好事。

小张初进一家公司。公司的老总听惯了、看惯了、习惯了属下低眉垂目的顺从。而小张却每日里抬着头、直着背的来去，难免让老总有些不适。于是恼怒地扬言要炒她鱿鱼。适逢她们公司新开发一项业务出师不利，效益下跌，公司召开会议分析研究。因从最初框架到最后方案都是老总拍板的，所以没人肯出声，偏偏她不知深浅、敢讲真话，说："人员结构与资金分配中都存在着不合理与失衡。"

此言一出，顿时使会议室变得如真空一般，甚至能听到别人在小心异异地屏住呼吸。要知道，按惯例她是最没发言权的一个。而结果是，月底时她的奖金比别人的多了一倍，职务也提升了两级。

在这里，我们欣赏小张的耿直之余，也不免感叹她能遇上个能听耿直之言的老板。

在我们的生活、工作中，假若身边有这么一位耿直之人，那实在是难得的事。

因为耿直的人决不是一个攀附权贵、心口不一的人,他不会心里想一套,口里说一套,实际行动中做的又是另一套。他是内心有原则的人,所以不会撒谎,也不会表里不一。所以,愿我们也能像那位老总一样谦虚接受耿直之言。比如比尔·盖茨就是一个能谦虚接受耿直之言的人。

很多年前,当Windows操作系统还不存在时,他去请一位软件高手加盟微软,那位耿直的高手一直不予理睬。最后是禁不住比尔·盖茨的"死缠烂打",终于同意见上一面。但一见面,就劈头盖脸地说:"我从没见过此微软做得更差的操作系统。"

比尔·盖茨听后没有丝毫的恼怒,反而诚恳地说:"正是因为我们做得不好,才请您加盟。"那位耿直的高手愣住了。

结果,盖茨的谦虚把这位软件高手拉进了微软的阵营,并成为了Windows操作系统研发的主要负责人。今天,Windows操作系统是个人计算机使用得最普遍的操作系统。

所以,如果你有幸与耿直之人相处,你就一定要有容人之量,并谦虚接受他们的话语。这话语无论是好是坏,对你无疑都会有极大的益处。

对勇猛的人

春秋战国时期,齐景公身边有三个勇猛之士:公孙接、田开疆、古冶长。

一次,齐相晏婴从三勇士身边走过,三勇士大大咧咧坐着未动。晏婴很恼火,他认为三勇士不懂礼义,乃"危国之器",建议齐景公把他们除掉。景公觉得这件事很棘手,因为三勇士勇武绝伦,弄不好要出乱子。晏婴出了一个点子,让景公赐给三勇士两个桃子,叫三勇士自己去比功劳,功大者便可吃桃子。景公当即照办了。

面对两个桃子,三勇士傻了眼,是礼让呢?还是争夺?公孙接寻思:若论功得不到桃子,就显得自己没有勇力,那还如何下台?想到此,他开口了,说他接连与两头猛兽搏斗,都获胜,这样的功劳该吃桃。说罢便拿了一个桃子在手。

田开疆接着说："鄙人随主君出征，一人杀退敌人三军，这样的功劳也该吃桃。"说完伸手抢去剩下的一个桃子。

"慢着！"古冶长站了起来，"在下有一次随主君渡黄河，河里的大鳖咬住了驾车子的一匹马的马腿，马一惊就把车拖向深水激流，我潜水逆流行了百步，又顺水追了九里，才把大鳖宰了。然后，我左手牵着马，右手提了鳖头，护着主君渡过了河。我的功劳最大，你们把桃子放下！"

他越说越激动，拔出剑来准备格斗。此时，公孙接、田开疆悔恨地说："我俩论勇力没你强，论功劳没你大。我们取桃不让是贪，再不去死更是无勇。"

两人放回桃子，双双拔剑自刎。古冶长后悔了："你们俩死了，我独活着不仁；贬低别人，夸耀自己是不义；痛恨自己的行为而不去死是无勇。"说完，举剑向脖子抹去。

唉，像公孙接、田开疆、古冶长这样的勇猛之士，如此而死，岂不可惜？然而，凡勇猛之人，体魄强悍，粗犷刚烈，嗓门粗大，不善言辞，遇事说不上三句话，便吹胡子瞪眼睛撸袖子，"砍头不过碗大疤"！一副天不怕地不怕的架势。

他们典型的弊病是行事为人考虑不周详，常有勇猛之举且不认输。这样看来，三勇士死于两个桃子，也就不足为怪了。

太刚则易折，由于勇猛之人过于刚硬，不拘小节，有时则因此犯下不可挽回的错误。张飞算是个明证，他开始追随刘备时，只有 18 岁。在征战中显露自己勇猛过人的实力，身长八尺，豹头环眼，燕颔虎须，声若巨雷，势如奔马，颇有庄田，卖酒屠猪，专好结交天下豪杰"。而正史中记载张飞"孔武有力，文采不俗，擅长书道"。

张飞所用武器是丈八点钢矛，又叫丈八蛇矛。公元 208 年曹操南征荆州，刘备逃奔江南，曹操追击至当阳长坂时，刘备让张飞带领 20 个武骑在后抵挡掩护，张飞"据水断桥，嗔目横矛道：'身是张翼德也，可来共决死！'敌皆无敢近者"。

在三国演义里张飞是喝道："燕人张翼德在此！谁敢来决死战？"而将

对不同个性的赞赏

夏侯杰喝死的一句则是："战又不战，退又不退，却是何故？"

赤壁一战后张飞随刘备进入益州，一路平定蜀中郡县，兵至江州，攻破巴郡，义释严颜后招降之，并顺利与刘备在成都会师，益州全境平定后张飞任巴西太守。后与马超大战于葭萌关，人见皆惊。

然而，气大如牛、不拘小节，"敬君子而不恤小人"成为他的致命弱点，当关羽麦城遇害后，张飞"旦夕号泣，血湿衣襟"，"酒醉，怒气愈加，帐上帐下，但有犯者既鞭挞之，多有鞭死者"！

张飞手下有两个末将叫范疆、张达，因置办悼念关羽的白旗白甲不力，被张飞绑在树上，打个半死，"满口出血"。这两人想张飞一定不能饶过他们，他们必死无疑了，就半夜潜入张飞的帐中，杀了张飞，割了脑袋，投奔了东吴。

对于张飞来说，一方面"勇猛"的性格成就了他，一方面却是"勇猛"的性格害了他。老子说："至刚则易折"。勇猛之人很多时候是刚劲有余而智慧不足。他们全身虽有使不完的蛮劲，却经常冒冒失失，莽莽撞撞，做事情欠考虑，失败了甚至都不知道后悔。所以，如果勇猛之人加上点智慧，行事为人再来点粗中有细，则不失为超人一等的人物。

正是因为勇猛之人"砍头不过碗大疤"的气势，其认定的事通常是不达目的就不罢休。一旦某件事你与他意见不同，就有可能发生针锋相对的冲突。

魏晋南北朝时，王猛领16万骑兵进攻前燕，当时慕容评屯兵于潞州。王猛进军与慕容评相对峙，派遣将军徐成去窥探燕军的情况，约定中午回营，但徐成到黄昏才回来。王猛很生气，要杀徐成。

邓羌求情道："敌众我寡，明早就要作战了，将军应该原谅他。"

王猛说："如果不杀徐成，军法的威严就不能树立。"

邓羌再三地求情说："徐成是我的部将，虽然违背约定的时间应该问斩，我愿意和徐成并肩作战杀敌以赎罪。"

王猛还是不肯。邓羌很生气，回营后，击鼓整军，要来攻击王猛。

王猛认为邓羌义勇双全，就派人告诉他："将军暂且停兵，我现在就赦免徐成。"

徐成得到赦免后,邓羌亲自来向王猛谢罪。

王猛握着他的手笑道:"我只是试试你罢了,将军对部将都这么重视,何况是国家呢?"

可见,如果与勇猛之人发生争执,就可能搞得不欢而散,甚至使双方结下芥蒂。王猛却是成功地控制不利局面的发生,我们可以看到他从"硬碰硬"到"软碰硬"的转变,这也是他成功避免了冲突进一步恶化的原因。所谓"以柔克刚"应该就是这个意思吧!所以,与勇猛之人相交,只要我们智慧地把握好说话的尺度,以柔克刚,冲突是可以避免的。

下面,我们就从"以柔克刚"的角度来看看与勇猛之人的相处之道:

①真诚尊重

勇猛之人自尊心比一般的人表现得更为激烈,如果伤害了他的自尊心,必然会引起他的强烈反感。所以,即使勇猛之人有错误的意见,我们也切忌嘲笑。法国的布鲁依尔说过:"两个都不原谅对方细小过错的人不可能成为老朋友。"如果以老朋友的真诚态度进行合作,许多冲突是可以避免的。

②心热脑冷

与勇猛之人相处,切忌"心冷脑热",因为,你头脑发热,就容易感情冲动,为一些小事而闹翻关系;抑或由于你头脑发热,处事不周,而引起不必要的麻烦。所以,对待勇猛之人要"心热脑冷",即要有一颗温暖的心,相处时充满着热情。而在说话处事时又有一副冷静的头脑,切不可凭着自己的个性,心血来潮、为所欲为,最好以商量的口气提出自己的意见和建议,语言的得体是十分重要的。要尽量避免用"你从来也不怎么样"、"你总是弄不好"、"你根本不懂"这类绝对否定别人的消极措辞。如果遇到一位不合作的人,首先要冷静,不要让自己也成为一个不能合作的人。

③宽容忍让

与勇猛之人相交,最忌讳争吵。倘若发生矛盾,要忍一忍、让一让,相互克制,避免发生正面冲突。宽容忍让可能会让你一时觉得委屈,但这不仅表现你的修养,也能使对方在你冷静的态度下平静下来,当时不能取得一致的意见，不妨把事情搁一搁，认真考虑之后，或许大家能共同找到解决问题的好办法。

美言美语

> 勇猛的人往往率直冲动，容易感情用事。因此，应赞赏他们的义气、自我牺牲精神和敢作敢当的大无畏气概。

对多疑的人

在历史上就有很多关于多疑的典故，"杯弓蛇影"就是其中较有名的。说的是有一年夏天，县令应郴请主簿杜宣来饮酒。酒席设在厅堂里，北墙上挂着一张红色的弓。由于光线折射，酒杯中映入了弓的影子。杜宣看了，以为是一条蛇在酒杯中蠕动，顿时冷汗涔涔。但县令是他的上司，又是特地请他来饮酒的，不敢不饮，所以硬着头皮喝了几口。仆人再斟时，他借故推却，起身告辞走了。

回到家里，杜宣越来越疑心刚才饮下的是有蛇的酒，又感到随酒入口的蛇在肚中蠕动，觉得胸腹部疼痛异常，难以忍受，吃饭、喝水都非常困难。

家里人赶紧请大夫来诊治。但他服了许多药，病情还是不见好转。

过了几天，应郴有事到杜宣家中，问他怎么会闹病的，杜宣便讲了那天饮酒时酒杯中有蛇的事。应郴安慰他几句，就回家了。他坐在厅堂里反复回忆和思考，弄不明白杜宣酒杯里怎么会有蛇的。

突然，北墙上的那张红色的弓引起了他的注意。他立即坐在那天杜宣坐的位置上，取来一杯酒，也放在原来的位置上。结果发现，酒杯中有弓的影子，不细细观看，确实像是一条蛇在蠕动。

应郴马上命人用马车把杜宣接来，让他坐在原位上，叫他仔细观看酒杯里的影子，并说："你说的杯中的蛇，不过是墙上那张弓的倒影罢了，没有其他什么怪东西。现在你可以放心了!"

杜宣弄清原委后,疑虑立即消失,病也很快痊愈了。

在《三国演义》中,曹操也是一个多疑之人的典型的例子。曹操一生生性多疑,经常错误地判断他人心怀歹念而对自己不利,因此也经常犯下不可弥补的大错而遗憾终身。

曹操在躲避董卓的缉拿追捕中和手下陈宫在一老人家中投宿,老人热情招待并外出沽酒。半夜时分,曹操听见磨刀之声,心中恐惧,以为性命休矣。俗话说,先下手为强,后下手遭殃,操便提三尺宝剑大开杀戒,后杀至厨房发现一头猪才恍然大悟,其生性多疑之形象跃然纸上。

南下征吴期间,曹操在赤壁和孙刘联军对峙,水军初战失利,便派蒋干至东吴说服周瑜,干至东吴于周瑜卧账内发现有蔡、张二人和东吴往来之书信,便窃而献之于操,操怒而斩张、蔡,后又大悔,心中苦叫中周瑜之计也!从此水军训练无素,终不见能胜东吴。

曹操素有头风病,每发作时奇痛难忍,后部将召南阳名医华佗而医之,华佗建议曹操,非砍开头颅取内之风痛而不能治之,操大怒,急召手下人将华佗打入牢狱而拷问。不出多日,曹操驾崩,可怜其一世英明竟毁于自身之多疑,世事何其悲哀也!

可见,多疑的人警惕性特别高,对周围的人都采取不信任、怀疑的态度,而且总是朝"恶处"去考虑。所谓"疑人者,人未必皆诈,已则先诈矣"。而且,具有多疑心态的人往往带着固有的成见,通过"想象"把生活中发生的无关事件凑合在一起,或者无中生有地制造出某些事件来证实自己的成见,于是就把别人无意的行为表现,误解为对自己怀有敌意,没有足够根据就怀疑别人对自己进行欺骗、伤害、暗算、耍弄阴谋诡计,甚至把别人的善意曲解为恶意,以致与人隔阂。

在日常生活中,我们时常会碰到一些猜疑心特别重的人,他们总是疑神疑鬼:

别人背着他低声说话,他猜测是在议论他,说他的坏话;

别人的脸色冷漠,他就疑心人家对他有什么不满;

别人面带笑容地问候他,他认为人家不怀好意、笑里藏刀;

别人对他回避，他疑心别人是在孤立、排斥自己；

别人无意中与他开个小玩笑，他怀疑是在影射自己；

别人对他表扬，他认为是想利用他，对他批评，又认为对方是有意找碴；

生活中碰到点小麻烦，事业上遇到点小挫折，他归罪于有人在整他；

甚至你好心好意帮助他，他也猜度你用心不良。

因为多疑，他时常担心别人如何看待他、评价他，别人会如何议论他，和别人在一起时心理上就很难放松。特别是当自己因某事遭人一次暗算，或被人一次打击报复后，就会更加小心谨慎，对所有人不信任或敌视，时时处处设防，在自己和别人之间放上一座难以逾越的高山。

既是这样，我们是不是就没有办法与多疑之人进行沟通呢？不是的。其实，只要我们注意方法，并根据其性格特点随机应对，投其所好，还是不难与之进行交流的。

 美言美语

> 多疑的人往往缺乏自信，而且不信任任何人，所以，适当地暴露自己的弱点和缺点，是获得他们信任的基础。说赞赏的话时也要着眼于眼前已经发生的事实，否则便会引起他的猜疑。

欣赏的高级技巧

懂得赞赏的人,是一个懂得欣赏、有见识的人,他对别人的赞赏,既是对别人的肯定,也是自己能力和胸怀的展示。

赞赏别人,不仅需要高超的语言技巧,而且需要开朗的性格、积极的处世态度和宽广的胸襟。自私的人不懂得赞赏,因为他的眼中没有别人;嫉妒的人不懂得赞赏,因为他看不到别人的长处。

赞赏要拿捏得好,就要讲究分寸。赞赏的话要恰如其分,不能无中生有,言过其实;也不能措辞不当,人云亦云。赞赏要避开他人的忌讳,赞赏若运用不当,就会出现"药轻则无效,药重则伤人"的效果。

赞赏者要懂得专业知识

一位作家曾经这样说道:"我宁愿别人批评我的一篇好文章,也不愿别人赞赏我的一篇坏文章。"可见,要赞赏先要懂行。优秀的赞赏者同时也是一个懂行的欣赏者。如果什么都不懂,随口瞎编一些赞赏的话,只会说得"牛头不对马嘴",让人笑话。

赞赏的语言虽然说出来之后只是简短的几句话,但是它的背后却需要有丰富的内容。很多中肯的、有说服力的赞赏,需要有广博的专业知识来做支撑,专业语言的沟通才能说到对方的心里,让对方点头称是。

坐椅公司的经理爱达森要公关的对象是惜时如金、严肃暴躁的亿万富翁伊斯曼。爱达森只有短暂的5分钟，却需要谈成9万美元的大合同。

很多人都认为这样的生意几乎不可能谈成，但是爱达森却做到了。他是如何在初次见面的机会中赢得生意的呢？在这个过程中，爱达森充分运用了自己的专业知识来赞赏伊斯曼的办公室，让他觉得如遇知音。

柯达公司的伊斯曼是世界上最著名的商人之一。他发明了透明胶片，使活动电影的摄制获得了真正的成功。他也借助这项发明，获得了亿万美元的财富。获得财富之后，伊斯曼准备在洛贾士德建造"伊斯曼音乐学校"和"凯本剧场"。第二个工程主要是为了纪念他的母亲。当时，纽约优美坐椅公司的经理爱达森，希望能承办该剧场里的坐椅工程。为此，他专门致电伊斯曼手下的建筑师，约定好时间准备去洛贾士德见伊斯曼。

爱达森到达洛贾士德后，那位建筑师告诉他："我知道你想要得到坐椅的订货合同，不过我得告诉你，伊斯曼工作极忙，且他为人严肃，脾气很大。如果你无故占用了他5分钟以上的时间，你就别想再做这笔生意了。你进到办公室后，要以最快的速度说明你的来意，然后立即离开。"

爱达森认真地记下了建筑师的忠告，并确实打算照做。爱达森被引进一间办公室。室内，伊斯曼正在埋头处理桌上的一堆文件。

见到有人进来，伊斯曼抬起头摘下眼镜，向建筑师和爱达森问道："两位早，有何见教？"建筑师向伊斯曼介绍了爱达森后，爱达森便赞赏道："伊斯曼先生，我真喜欢你的办公室。如果我也拥有一间这样的办公室，我一定会乐于在这里面工作的。我是从事室内土木行业的，可我从没见过像你这样漂亮的办公室。"

伊斯曼听后回答说："谢谢你提醒了我，我已经忘记了这件事。当初这间办公室刚布置完毕时，我确实非常喜欢。可是现在，由于我工作太忙，有时甚至接连数星期都无暇注意到这一点。"

爱达森伸手摸摸办公室的壁板，说："这是不是英国橡木？它和意大利橡木的品质稍有不同。"

伊斯曼回答说："是的，这是进口的英国橡木。这是我的一位专门研究细木的朋友特别替我挑选的。"他对爱达森挑起的这个话题饶有兴趣，这使他想起了自己刚开始装修这个办公室时的豪情和自得。

接着，伊斯曼陪同爱达森参观自己设计的室内陈设，包括木门、油漆色彩和雕工等等。当他们在一扇窗前停下来时，伊斯曼和蔼地表示，他要捐助给洛贾士德大学和公立医院一些钱，为社会尽一点力。爱达森真挚地赞赏说："这是一桩古道热肠的慈善义举。"

然后，伊斯曼打开玻璃橱的锁，取出他从前买的第一架摄影机——那是从一个英国人手里买下的发明品。

爱达森问伊斯曼，当初是如何开始在商场上的第一步的，是如何挣扎奋斗，最终获得成功的。伊斯曼耐心地给爱达森讲述自己幼年时期的贫苦景况——他守寡的母亲，靠着出租公寓赚一点租金。而他自己则在一家保险公司做小职员，每天只赚5美元。在这种饥寒交迫的环境中，他却立志要刻苦奋斗，以免母亲积劳成疾。

随后，爱达森又找些别的话题，而当话题展开时，他却又静静地听着。顺着爱达森的话题，伊斯曼谈到了他在实验室的一段往事。他说自己过去做试验的时候，常常整天都待在实验室里，晚上也不出来。有时，甚至3天3夜都穿着实验服。

爱达森是上午10点15分进到伊斯曼的办公室里的。事前那位建筑师曾警告过他，要他最多只能停留5分钟。可是，一个小时，两个小时过去了，他们仍然在攀谈着。

最后，伊斯曼对爱达森说："上次我去日本，买了几张椅子回来。我把它们放在阳台上，可却被阳光把椅子上的漆给晒脱了。后来，是我自己买了油漆回来，把椅子重新漆好的。你要不要来我家看看我的作品？"

午饭后，伊斯曼把他漆的椅子拿给爱达森看。那些椅子，每把不会超过2美元，但亿万富翁伊斯曼，却以此为自豪，因为这是他自己漆的。

凯本剧场的坐椅订货单总额9万美元。你猜，是谁得到了订货合同？除了爱达森之外，还会有其他人吗？

从那时候开始，直到伊斯曼去世，爱达森一直与他保持着亲密的友谊。

爱达森走进伊斯曼的办公室时，很快就找到了值得赞赏的地方，那就是办公室的装饰设计。接着，爱达森以一个内行人的身份，很快分辨出办公室的壁板是用英国橡木做成的。这个话题挑起了伊斯曼的兴趣，因为这些橡木是伊斯曼的专家朋友精心挑选的。

"行家一伸手，便知有没有"。爱达森独特的眼光显示了他的实力，他对办公室风格的赞赏和他对木质的分析，让伊曼斯产生了莫大的兴趣。伊斯曼把他当作一个可以交谈的好对象，跟他分享自己的诸多感受。最后，甚至把自己油漆椅子的快乐与爱达森共享。

对于业内人士，对于懂行的人，人们总是能找出更多的话题和共同点，因而在交谈的时候也更轻松、更容易。

中国京剧院著名京胡演奏家、作曲家唐在忻是京剧交响化的代表人物，更为程派唱腔做出了重要贡献。当年，他在第一次见京剧大师程砚秋的时候，就是用专业的、内行的赞赏引起了程砚秋的重视。

唐在忻与程砚秋是经过京剧老生赵培鑫的介绍才认识的。当时，唐在忻正在向周昌华学胡琴，赵培鑫介绍说："这是唐在忻，圣约翰大学的高材生！唐在忻的胡琴拉得好，近来潜心钻研你的程腔，依我听简直跟周昌华拉得一模一样。"

赵培鑫的介绍引起了程砚秋的重视，而接下来唐在忻对于程砚秋的一番赞赏，则让程砚秋将他引为知己。

唐在坼对程砚秋说："我喜欢你的戏！"，"您的唱腔深沉细腻，节奏感强，新颖动听，变化多。特别是愁戏，感情真挚，包含有丰富的内容……"

程砚秋听完后非常高兴，说："好！我们京剧必须提高，就是需要文化水平高的大学生参加进来一起搞，我欢迎你呀！"后来，二人成为关系密切的朋友。

在唐在忻的这段赞赏中，用了非常专业的感受来表白。唐在忻对程砚秋的唱腔、节奏、感情的把握，都让程砚秋深信唐在忻是真的佩服他，研究过他的作品。所以，程砚秋一下子就把唐在忻当成是懂行的人、可以说话的人、有共同语言的人了。

 美言美语

> 人们对于内行人说的话更容易接受和认同,也乐于与他们交往。所以,内行人发出的赞赏更受人欢迎,也更令人心动。真正内行的人,在赞赏对方时能说到点子上,说到对方的心里。这样,被赞赏者听了如遇伯乐,觉得自己找到了知音,谈话双方的关系就会更进一步了。

赞赏要有远见卓识

赞赏不仅要符合眼前的实际,而且要高瞻远瞩,具有一定的前瞻性和预见性。有预见性才能提升你赞赏的高度,让你的赞赏经得起推敲和时间的考验。

缺乏前瞻性的赞赏极有可能使赞赏者陷入被动。事情还没有最终完成之前,赞赏一定要谨慎。因为问题往往出现在最后的关头,"功亏一篑",并非偶然有之。

秦始皇破燕,逐走燕王,数败楚军后,想侵占楚国。他先征询李信的意见:"我想占领楚国,将军考虑用多少人马才够呢?"李信血气方刚,颇为自信地说:"最多不过20万人。"秦始皇又问王翦,王翦道:"非要60万不可。"秦始皇听后,对王翦很有看法,于是道:"王将军老了,何以如此怯弱?李将军果敢壮勇,他说的对呀。"

秦始皇没有对敌我力量此消彼长的复杂形势作出准确的预测,轻信李信的估计,认为以最少的兵力占领楚国最好不过,盲目地赞赏李信,远没有王翦知彼知己、深谋远虑。结果,王翦见秦始皇赞赏李信,否定自己,便称病告老还乡了。

李信进攻楚国时,在城父被楚军打得大败而逃。秦始皇后悔当初失言,便亲自去王翦老家频阳致歉,道:"我没有采纳将军的计策,李信果然使我

军蒙受了耻辱。"后来，秦始皇派王翦率60万大军，用一年时间就占领了楚国全境。

秦始皇在赞赏下属时，也犯了平常人常犯的错误。他在事情还没有做成之前就盲目地赞赏李信，结果得罪了王翦，造成了败局。如果他当时从长远出发，不马上发出赞赏，或者赞赏时不是扬此抑彼，那么就没有王翦的还乡，也不会在战争中损兵折将了。赞赏要有远见卓识，对事情要有预见性。如果赞赏随口而说，结果事情的发展却与自己所赞赏的相反，那么，就会自相矛盾，无法圆场了。

唐代大历年间，荆州人冯希乐很喜欢溜须拍马，但是他的拍马却没有一点预见性，总是到后面无法自圆其说，因此引起很多笑话。

有一次，冯希乐去拜访长林县县令，赞叹道："仁风所感，猛兽出境。昨日入县界，见虎狼相尾而去。"意思是说，由于县令仁义之风的感化，连虎狼也不在该县作恶，而是纷纷离开长林。

刚说了不久，就有村人来报告："昨夜大虫连食三人！"长林县令很不高兴地责问冯希乐究竟是怎么回事？冯希乐面红耳赤地回答说："是必便道掠食。"

冯希乐在不知怎样圆谎的情况下，说这些老虎"肯定是暂时路过的"，让人一听就知道他是在胡编乱造找理由。冯希乐的赞赏可谓是随口而言，根本没有道理。他既知长林县有老虎吃人，就不能随口拿这个事情来赞赏县令。正是他对这件事情没有预见性，所以自食其言，闹出了笑话。

美言美语

赞赏要善于见微知著，从眼前影响推测将来影响。要深入了解别人的真实能力和发展趋势。对事情的难度和复杂性做好充分的估计，只有做到有远见、有预见，赞赏才能发挥它的正面效果。

用赞赏化解嫉妒

在强者与强者之间，存在着竞争和比美的关系，这种竞争关系很容易造成双方的嫉妒心理，互相较劲。虽然适当的竞争压力有利于竞争双方的进步，但是，如果这种嫉妒心过强，则会引起很多负面影响，甚至会引起消极手段的运用，阻碍双方的成功。要化解这种嫉妒，需要竞争双方都具备宽广的胸怀，在语言和行动上，互相尊重，公平竞争，共同进步。

化解嫉妒的最好的方法，就是给竞争对手以真诚的赞赏。2004年11月3日美国总统选举结果揭晓，民主党总统候选人克里当天就打电话给连任的布什总统，诚恳地承认竞选失败，并祝贺布什成功连任。布什也在随后发表的简短演说中称赞克里是一个"令人钦佩的对手"，并赞誉克里在竞选中的出色表现。

这个美好的局面，使原先担心因总统大选出现的选票争端而损害美国形象的分析家们松了一口气，支持克里的人说他们没有看错人，布什的支持者也认为克里的表现无可挑剔，说他是输了大选，却赢得了尊敬，克里虽败犹荣，以一个智者的形象很体面地告别大选。

在这次竞争中，克里在失败后没有一再纠缠，也没有表现出对竞选结果的不满，这是一种坦然接受的态度。他诚恳地祝贺布什取胜，展示了他的胸襟，让支持他的选民们对他更加拥护。正因为克里传递出了友好的信息，布什也对克里表达了称赞，赞赏他的出色表现。这两个竞争对手因为赞赏而避免了竞争之后的争端，让竞争和平落幕。

两虎相争，必有一伤。如果在相争过程中和争斗后都以嫉妒之心来对付对手，那么就违背了竞争的本意。竞争的目的是为了优中选优，让事情朝着更好的方向发展，如果因此而让嫉妒丛生，那么就只会阻碍事情的进步，不利于发展。

人类行为学家约翰·杜威也说："人类本质里最深远的驱策力就是希望具有重要性，希望被赞赏。"当竞争者表示出对对方的尊敬和欣赏时，对方也会减少敌意，报以尊重。

历史上，戴维和法拉第的合作是一个典范。虽然有一段时间，法拉第的突出成就引起戴维的嫉妒，但其二人的友谊仍被世人所称道。这份情缘的取得少不了法拉第对戴维的真诚赞赏。

法拉第是英国物理学家、化学家，也是著名的自学成才的科学家。1791年9月22日，法拉第出生于萨里郡纽因顿一个贫苦的铁匠家庭。因为家庭贫困，法拉第仅上过几年小学，13岁起在钉书店当学徒。他酷爱读书，从微薄的工资收入中挤出钱来拼凑了简陋实验室，业余时间进行某些简单的实验。

20岁时，有一位顾客送给他英国著名化学家戴维的几次讲演的入场券，在听完演讲后，法拉第整理了戴维这些演讲的记录，将其装订后送给皇家研究院的戴维，给戴维写信："戴维先生，您的讲演真好，我简直听得入迷了，我热爱化学，我想拜您为师……"

收到信后，戴维便约见了法拉第。法拉第爱好科学研究的态度受到戴维的赏识，1813年3月，法拉第由戴维举荐到皇家研究所任实验室助手。这是法拉第一生的转折点，从此他踏上了献身科学研究的道路。

同年10月戴维到欧洲大陆作科学考察、讲学，法拉第作为他的秘书、助手随同前往。在接下来的一年半时间里，他们先后经过法国、瑞士、意大利、德国、比利时、荷兰等国，结识了安培、吕萨克等著名学者。沿途法拉第协助戴维做了许多化学实验，这大大丰富了他的科学知识，增长了实验才干。

法拉第对化学和物理学的研究成果不断丰富，他的声誉迅速提高。1823年他完成了氯的液化工作。此时，戴维对法拉第却产生了嫉妒之心，他们之间的关系恶化，戴维甚至反对推荐法拉第加入皇家学会。在戴维看来，法拉第只是一个助手，是一个领导的顺从者，除此之外，要想让自己尊重他，那是难以做到的。因此，法拉第表现出的独立从事研究的才华，使戴维明显地懊恼，并产生了嫉妒。

虽然戴维的嫉妒给法拉第的事业发展带来了很多的阻碍，但是，法拉第仍然对戴维多加赞赏，希望能够化解嫉妒，他经常说："是他把我领进科学殿堂大门的!"

在法拉第的尊重和赞赏中,戴维终于抛开了嫉妒和成见,他为自己发现了法拉第这位科学巨擘而自豪。戴维临终前在医院养病期间,一位朋友去看他,问他一生中最伟大的发现是什么,他绝口未提自己发现的众多化学元素中的任何一个,却说:"我最大的发现是一个人——法拉第!"

赞赏让两个科学家牵手,又化解了戴维心中的嫉妒。如果没有法拉第对戴维的演讲的赞赏,就没有戴维对他的重视,也就没有法拉第当助手、到欧洲考察的经历,也就没有法拉第的伟大成就;如果没有法拉第对戴维"是他把我领进科学殿堂大门的"的肯定,就没有戴维的思想转变,也没有临终前对法拉第的认可了。赞赏在这一对既是朋友、又是竞争对手的科学家之间起着微妙而重大的作用,让两大科学家从陌生到相识,到互相扶持,到最后的相互认可。

有时候,对竞争对手的赞赏还可以通过道歉的方式来表达。当一方误会了对方的时候,真诚的道歉可以弥补过失、化解矛盾,促进竞争双方的沟通,缓解彼此的关系。

英国首相丘吉尔起初对美国总统杜鲁门印象很坏,但是他后来告诉杜鲁门,说以前低估了他,这是以赞许的方式表示道歉。解放战争时期,彭德怀元帅有一次错怪了洪学智将军,后来彭德怀拿了一个梨,笑着对洪学智说:"来,吃梨吧!我赔礼(梨)了。"说完两人一起哈哈大笑起来。

美言美语

> 赞赏是友谊的源泉,是一种理想的黏合剂,它不但会把老相识、老朋友团结得更加紧密,而且可以把互不相识的人连在一起,甚至可以使有利益之争的竞争对手之间都和谐相处。

关键时刻要有赞赏的气度

在很多时候,当人们气定神闲的时候,能够巧妙地运用赞赏的技巧。

因为他是有备而来，三思而后行。但是，当遇到生死攸关的大问题时，很多人就难免气急败坏，丧失了赞赏的气度。事实上，这种气急败坏不能解决任何问题。相反，越是在关键时刻，越是要有赞赏的气度，懂得用赞赏来解除危机。美国费城华克公司的卡伍先生就是一位处变不惊、善于用赞赏来解除危机的优秀商人。

华克公司在费城承包了一座办公大厦，对方要求他们在限期之内必须竣工。这项工程，本来进行得十分顺利，眼看办公大厦就要完工了。忽然，承包铜工装饰的商人打来电话，说是铜工装饰不能如期交货了。这样一来，整个建筑工事都要停顿下来，不能如期完工，就要交付巨额的罚款！

长途电话、激烈的争辩都没有半点用处，于是卡伍被派往纽约，找那个商人当面交涉。

当卡伍走进承包铜工装饰的商人的办公室时，他没有唾沫横飞地诉苦，更没有气势汹汹地责问，而是轻松地打开了交谈的话题。

卡伍的第一句话是这样说的："我很惊讶地发现，你的姓名在勃洛克林市中，是独一无二的。"那位经理听到后，感到十分意外，他摇摇头说："啊，是吗？"

卡伍说："今天早晨，我下了火车，查电话簿找你的地址，发现勃洛克林市里，只有你一个人叫这个名字。"

经理回答说："我从来没有注意过。"于是他兴致勃勃地找出电话簿来翻看，果然一点儿也不错，确实有这么回事。那经理便自豪地说："是的，这是个不常见到的姓名，我的祖先原籍是荷兰，搬来纽约已有200年了。"

接着，这位经理便开始谈论自己的祖先和家世的情形。等到他讲完了，卡伍又找了个话题，赞赏他拥有这么一家规模庞大的工厂。

卡伍说："这是我所见过的铜器工厂中最整洁最完善的一家。"

那位经理说："是的，这间工厂耗费了我一生的精力，它让我引以为荣，你愿意参观我的工厂吗？"

参观的时候，卡伍连连称赞工厂的组织系统，且详尽地指出工厂的突出之处，同时他还对几种特殊的机器表现出了浓厚的兴趣。经理告诉卡伍，那几项机器是他自己发明的，他花了很长的时间，说明这类机器的使用方法和特殊功能。到了中午时分，这位经理坚持请卡伍一起共进午餐。

午餐后，那位经理说："现在，言归正传。当然，我知道你来这里的目的。可是想不到，我们见面后会谈得这样愉快。"他面带笑容，接着说："你可以先回费城，我保证你的订货会准时运送到你们那里，即使耽误了别的生意，我也会准时给你们供货的。"

卡伍并没有提出任何要求，可是他的目的却顺利地达到了。那些材料，全部按时运到，而那座建筑也在没有干扰的情况下如期交工。如果卡伍当时用了激烈争辩的方法，会不会有这样满意的结果？

关键的时刻要有赞赏的气度。面对尴尬场合，只有以一种坦然的心态来对待，才能缓解气氛，减少危机感。

美国的前参谋长联席会议主席鲍威尔是一位杰出的黑人，不过他却平易近人，从来不摆架子。

一天，鲍威尔身穿便服去坐飞机。在机场，有一个白人检票员对他无端刁难，不让他登机，随行的便衣副官十分恼火，亮出了四星上将的身份证件，把检票员吓得半死，赶紧请鲍威尔登机。

而鲍威尔却笑着对副官说："还是请你与证件走在前边吧。"

在检票员的刁难面前，鲍威尔没有发火，而是以讽刺的语言表达了自己的不满。他的镇定和风趣缓解了当时的尴尬和紧张气氛，也让检票员深为自己的无理举动而自责。

美言美语

> 任何时候，都需要平和的心态和赞赏的气度。赞赏的效果是奇妙的，它能轻松地拉近人与人之间的距离。懂得赞赏他人的人是聪明的，因为他在送出赞赏的同时，就等于送出了一份厚礼，既可以让对方受益，也可以得到他人的友谊和肯定。有时候，送人一句赞赏比送他千金之礼、长篇大论的说服还更有效果。

为对手鼓掌喝彩

俗话说："同行是冤家"。同行之间有着利益的竞争，要互相赞赏并不容易，需要赞赏方有宽广的胸襟，能从真诚的欣赏对方的角度出发，来给对手以赞赏。

北京锋云科技公司曾经在中央电视台举办了一次招聘，有三位求职者竞争海外经理一职。求职者依次介绍自己的优势，展开激烈的角逐。

由于职位只有一个，大家都显得很紧张，尤其是坐在演播厅中的另两个求职者。当演讲者在台上列举自己的经历和成就时，他们都聚精会神，认真聆听。

其中有一位求职者，当竞争对手说到精彩处时，竟然情不自禁地为之鼓掌，引得现场观众和评委们也跟着鼓起掌来。这种愿意为对手鼓掌的情况实在罕见。人们常说"毛遂自荐"，这个求职者不但还没有"自荐"，而且先"荐"了对手。

那位鼓掌的求职者的气度却征服了很多电视机前的观众和评委。评委们认为，作为一个海外经理，就是要有欣赏外国成功商人优势的勇气和胸襟，要有坦然面对竞争的心态。而这一点，在求职者为对手鼓掌的行动中就表现了出来。

最后，综合求职者的全面表现，这位愿意为对手鼓掌的求职者成为了获胜者。

居然能对自己的竞争对手进行当众的赞赏，确实是一种欣赏和宽容的气度。现实中有很多时候，竞争双方为了成功拼得头破血流，甚至不顾一切地打压他人，以图出人头地。这个竞争者却能放开暂时的利益冲突，认真地倾听对手的发言，看到对手的优点和长处，为对手喝彩。

为对手鼓掌是尊重对手、欣赏对手的表现，也是公平竞争中应有的一种态度。既然是实力型的竞争，就要遵循优胜劣汰的原则，看到他人的长处，欣赏他人的成功。

在一场世界级的职业拳王争霸赛中，有几个暖人的细节让观众们深有感慨。

参加比赛的是两名美国职业拳手，年长的叫卡非拉，35岁；年轻的叫巴雷拉，28岁。上半场两人打了6个回合，实力相当，难分胜负。在下半场的第七个回合中，巴雷拉接连击中老将卡非拉的头部，使他鼻青脸肿。

攻击和受伤都是拳击比赛的正常现象，很少会有人关注对手的伤痛。但是，巴雷拉却以一种平等和朋友的心态表达了自己的慰问。

短暂的休息时，巴雷拉真诚地向卡非拉致歉，他先用自己手中干净的毛巾一点一点擦去卡非拉脸上的血迹，然后把矿泉水洒在卡非拉的头上，满脸歉意，那神情仿佛受伤的是自己。接下来两人继续交手。也许是年纪大了，体力不支了，卡非拉一次又一次被巴雷拉击中后倒在地上。

按规则，对手被打倒在地上后，由裁判连喊3声，如倒地的拳手起不来则对方获胜。卡非拉挣扎着起身，裁判开始报数：1、2、3，当3还没出口，巴雷拉一把将卡非拉拉了起来。裁判感到很吃惊，这样的举动在拳击场上很罕见。巴雷拉向裁判解释说："我犯规了，只是你没有看见，这局不算我赢。"扶起卡非拉后，他们微笑着击掌，继续交战。

最终，卡非拉108：110的成绩负于巴雷拉。观众潮水般涌向巴雷拉，向巴雷拉献花、致敬、送礼物。巴雷拉拨开人群径直走向被冷落的老将卡非拉，他把鲜花送给了卡非拉。两人紧紧地抱在一起，相互亲吻被击中的部位，俨然是一对亲兄弟。卡非拉真诚地向巴雷拉祝贺，一脸由衷的笑容。他握住巴雷拉的手高高举过头顶，向全场观众致敬。

巴雷拉赢了，赢得很大度。他给了竞争对手尊重和公平竞争的机会，在得胜后将鲜花献给对手，他的大度赢得了观众的掌声。卡非拉虽然败了，但也败得很有风度，巴雷拉向他表示友好时，他对巴雷拉的得胜表示衷心的祝贺。两个人虽然在拳术上有赢有败，但是，在人格上，他们都是赢家。

有竞争就会有胜负。面对胜负，很多人都不能保持泰然。毕竟关系切身利益，不能无动于衷。所以，同行之间相互称赞很不容易。

虽然如此，同行之间还是要培养起互相称赞和欣赏的氛围。因为只有真诚的欣赏才能从根本上解决利害关系带来的敌视，也才能共同携手，赛出水平，赛出风格，进而达到双赢。而且，如果一味地陷入敌对的竞争关系中，很可能使矛盾不断升级，导致勾心斗角、关系恶化。

历史上，有很多不愿意以大度的胸襟来包容他人的人。这些人遇到能力超强者时，把他们当作强劲对手，想方设法置对方于死地。他们的这种做法，只能显示自己的器量小，最后免不了害人害己。

战国时的庞涓和孙膑，可以说是一对天生的竞争对手。庞涓的能力不弱，得到魏惠王的信任，做了魏国的大将军。孙膑的能力也很强，智慧计谋更胜庞涓一筹。庞涓与孙膑是同学，同出于鬼谷子门下，本来有同学之谊，但是庞涓心高气傲，一心想与孙膑分出个高低上下。

庞涓担心孙膑影响自己的前途，一心想得到《孙子兵法》，并置孙膑于死地。因而，庞涓在魏惠王面前大进谗言，诬陷孙膑私通齐国。魏惠王十分恼怒，决心惩治孙膑，下令在孙膑的脸上刺字，还剜掉了他的两块膝盖骨。

孙膑的苦难经历和超凡才华被远在齐国的田忌所闻，田忌派门客禽滑到魏国测试孙膑，然后见机行事。禽滑与孙膑经过一番交谈后，彼此相见恨晚。禽滑用孙膑之计，让自己的仆人装扮成蓬头垢面的孙膑醉卧猪栏，孙膑乘机躲入禽滑的马车逃到了齐国。

田忌把孙膑推荐给齐威王。齐威王跟孙膑谈论兵法后，对其大为赏识。

公元前354年，魏惠王派庞涓进攻赵国，围了赵国的国都邯郸。第二年，赵国向齐威王求救。齐威王想拜孙膑为大将，孙膑忙推辞说："不行，我是个受过刑的残废人，当了大将，会让人笑话。大王还是请拜田大夫为大将吧。"

于是，齐威王拜田忌为大将，孙膑为军师，发兵救赵国。孙膑对田忌说："现在魏国把精锐的兵力都拿去攻打赵国，国内大多是些老弱残兵，十分空虚。咱们不如直接攻打魏国大梁。庞涓听到国内告急，必然回兵保护大梁。我们在半道上等着，迎头痛击他一顿，准能把他打败。"

这就是历史上有名的"围魏救赵"的计策。在计策上，孙膑的确要高庞涓一筹。果然，庞涓听到齐军围魏，马上回军。在退到桂陵一带时，被齐国堵截，庞涓大败。

在接下来的几年中，庞涓多次以军事和外交的手段，欲置孙膑于死地。孙膑被迫东躲西藏，辗转于齐国、楚国、韩国之间，孙膑历经千辛万苦，才终于回到齐国，辅佐齐威王之子齐宣王。

公元前341年，庞涓率兵攻打韩国，韩国向齐国求救。孙膑请求齐宣王隔岸观火，但派田忌的门客禽滑前去告诉韩国，齐国大军很快就到。韩国得到齐国即将救援的消息，拼命抗敌。

当魏韩大军都筋疲力尽时，齐军杀向魏国国都大梁。庞涓率大军回国救援。孙膑不与庞涓正面交战，因为魏军虽是疲惫之师，但齐军深入魏国腹地，不利之处更多。

孙膑要齐国大军装成害怕的样子向齐国撤退。齐军后撤的第一天，埋下做饭的军灶有10万，然后饭灶一天天减少。追赶齐军的庞涓不知是计，以为齐军惧怕魏军，逃兵数量增多，于是带精兵日夜兼程追赶孙膑。

一直追到马陵，庞涓还是不肯放手。当时天已经快黑了，马陵道路十分狭窄，路旁到处都是障碍物，极不容易通行。庞涓的手下劝他放弃追踪，但是庞涓一心想置孙膑于死地，他不愿意放弃这个打败孙膑的机会，吩咐精兵摸黑追赶。

庞涓一路摸索而行，忽然听到前面的士兵报告说："前面的路给木头堵住啦！"庞涓上前一看，果然见路旁的树全砍倒了，只留下一棵最大的树。庞涓命令手下点亮火把，亲自前去查看。只见那棵树上刮去了一些树皮，树瓤上面写着几个大字："庞涓死于此树下"。

庞涓大吃一惊，下令士兵撤退，却已经来不及了。齐军万箭齐发，庞涓无路可逃，只得自杀身亡。

庞涓一生都处心积虑地要害死孙膑，他自知计谋不如孙膑，便心生嫉妒，为了除去对手而不择手段。庞涓的不能容忍对手的做法，不但害得孙膑残疾，而且最终也害了自己的性命。

同行之间不懂得以称赞来化解，只会让矛盾越来越深。在生意场上，有些商家之间为了拉拢顾客互相贬损，更有甚者不惜栽赃陷害。这些做法，不但达不到独霸一方的目的，而且会破坏正常的竞争程序，最后是两败俱伤。

对待竞争对手要有宽广的胸襟，不仅要尊重对方的能力，而且要欣赏对方的才能，做到为他人的成就喝彩，与对手共同进步。在竞争中，学会为他人鼓掌，感悟成功人士的不平凡，不仅是一个人道德修养的体现，也是一个人走向成熟的标志，更是强者的心理和成功者的重要素质。

每个人都有值得他人学习的地方。竞争对手也一样，他的能力也值得学习和欣赏。尊重对手、欣赏对手，这是竞争中的一种至高的心态。为他人鼓掌需要勇气，需要战胜自己的自私和骄傲。人生最强大的敌人就是自己，最大的挑战就是挑战自我。自己说服自己，是一种理智的胜利；自己超越自己，是一种心理境界的升华；自己征服自己，是一种人生的成熟。为他人鼓掌，也是在给自己加油。

把掌声送给别人，不是刻意抬高别人，贬低自己，更不是吹牛拍马、阿谀奉承，而是对别人的闪光点进行肯定，只有真正有实力的人才能做得到。如果没有正常的心态，就不可能正确看待别人的能耐。三国名将周瑜，对诸葛亮的加害失败后，责怪上天"既生瑜，何生亮"，终因器量狭小而自亡；庞涓贵为魏国大元帅，却因妒恨孙膑之才，终于落得兵败身亡的下场。

美言美语

> 当我们没有成功时，我们应该真诚地为走向成功的人鼓掌；当我们走向成功时，更要学会为别人鼓掌。相互鼓掌才能相互提高，当你乐于为他人鼓掌时，才会获得更多人的喝彩。

上司赞赏下属要及时

赞赏需也要"及时雨"。及时的赞赏如甘霖，过时的赞赏如白开水，寡然无味。

在现代管理中，优秀的领导者都非常重视对下属的及时赞赏和奖赏。当下属某项工作做得好时，上司就会及时夸奖。如果拖延数日，时过境迁，迟到的表扬已失去了原有的意义，再表扬就不会令人兴奋与激动了。

早期的美国福克斯公司，急需一项重要的技术改造。一天深夜，一位科学家拿了一台确能解决问题的原型机，闯进总裁的办公室。总裁看到这个主意非常妙，简直难以置信，琢磨着该怎样给予奖励。他弯下腰把办公桌的大多数抽屉部翻遍了，总算找到了一样东西，于是躬身对那位科学家说："这个给你！"他手上拿的竟是一只香蕉，而这是他当时能拿得出的唯一的奖酬了。

这只香蕉给了科学家及时的赞赏和奖励，虽然它不值多少钱，但是却因为给得及时而让接受者珍惜。这位科学家从总裁的热情洋溢的奖励行动中感受到了赞赏的诚意。

从这个案例中，我们可以看出美国福克斯公司领导对及时表扬的重视。当他人有了贡献和成就时，马上给予表扬。正是这种及时赞赏的精神，可以让下属为自己的成就而感到自豪。

赞赏贵在及时，有很多有情人未能终成佳偶，不是因为彼此没有情意，而是因为没有及时表达赞赏和爱意。有许多事情，只要时过境迁，就会变得面目全非。如果错过了表白和赞赏的时机，可能就会留下遗憾。

唐代诗人崔护，他就曾因赞赏不及时而留下了遗憾。

据传说，崔护举进士不第，在清明节那天，独自一人去游都城南庄，时值桃花盛开，崔护酒渴求饮，一美貌女子开门送水，二人默默无言后分手。

次年清明节，崔护思念那女子，重游不遇。因而留诗道："去年今日此门中，人面桃花相映红；人面不知何处去，桃花依旧笑春风"。

这个故事是否真实姑且不论，但是这首诗却表达了人去楼空的惆怅。伊人不在，桃花依旧，如果去年之时相互已有情缘，互诉衷肠，那么至少崔护在第二年的时候能知道佳人踪迹，不至于空留遗憾了。

及时的赞赏并不需要太大的准备和周折，有时候，它只是轻轻的一句话，却能给努力的人送去慰藉，给勤奋的人带来鼓励。

美国惠普公司的市场经理，一次为了及时表示酬谢，竟把几磅袋装果子送给一位推销员，以鼓励他的成绩。另外一家公司的经理提倡"1分钟表扬术"，每当下属做好一件事，上司就会在1分钟之内给予表扬，让下属为自己取得成绩而高兴。

人人都想知道自己的付出是否能得到他人的认同，所以及时的赞赏具有特别的意义。当经过努力后得到及时的赞赏时，人就会更加努力。如果所做的一切无人理睬，那么积极性就会大大受挫。

赞赏要及时，首先要把赞赏之语表达出来。有时候，人们心里已经有了赞赏之意，这种赞赏是真诚的，是发自内心的，是本来就有的，这时候就要用语言表达出来而不是深深藏在心里。

比如，你觉得妻子或者父母帮助了你，你想表达对他们的赞赏，但是却不愿意说出来；你身边的一个同事某项工作做得特别好，你心里觉得他做得确实好，但是你可能把这种赞赏藏在了心里，没有亲口去赞赏他；你看到了某个人穿的衣服真的很好看，你是否在心里强烈地赞赏了对方一下，却没有同时将这些用语言表达出来；你看到了别人有好的习惯，你自己心生敬佩之情，却没有对他说："你这个习惯真的很不错！"

你很想表达，心里也是这么想的，但是却不愿意出言赞赏。于是，你就错过了赞赏的好时机，一次又一次地让赞赏擦肩而过，也就一次又一次地让好的人际关系擦肩而过了。

赞赏要及时，还要把握说话的时机。我们并不是缺少对他人赞赏的理由，缺少的是"及时地"向他人表达赞赏之情。很多时候，我们并不是不想及时地赞赏别人，我们也知道这样做对他人和对自己都有极大的好处，会成为自己快乐的源泉，只是我们没有养成这种习惯，似乎这种及时的表达需要更多的勇气。于是，我们在犹豫的时候错过了赞赏的好时机，即使再补上赞赏，也没有那么高效了。

> 我们应该"及时地"表达自己对他人的赞赏，当你心里在赞赏他人的时候，就一定要及时用语言表达出来。

赞美大树，也欣赏小草

在生活中，人们都羡慕和崇拜成功的人。当人们看到成功者的光环时，便不由自主地靠上去，将掌声和鲜花送给他们。

成功者当然有接受赞美的资本，普通人或者失败者也有值得赞赏的品格。从需要的程度上来说，普通人更需要赞赏。当你的赞赏凑在奉送给成功者的赞赏声中时，你的赞赏可能因为声音如此之弱而引不起重视。如果你的赞赏之声是对准平凡人，就能走进他的心中。

我们既赞美大树的挺拔，也要欣赏小草的坚韧。赞美我们身边一切可以赞美的，赞美才来得更自然、更真切、更广泛。

有一次，苏格拉底的学生拿着一篇文章来请他鉴赏。苏格拉底读道：

"狂风呼喊着，咆哮着，狞笑着奔袭过来，企图把大地上的一切都席卷而去。一棵大树挺起胸膛，顽强地与狂风搏斗着。狂风暴虐地纠缠着它，想按下它高贵的头，压弯它不屈的腰。但是，它奋力抗争，不屈不挠。大树下面有一片小草。狂风根本不把它们放在眼里，像擀面条一样把它们揉来揉去。几乎要把它们撕成碎片，碾成粉末。小草在狂风中抖动战栗，屈腰伏身，把脸紧紧地贴在大地上。狂风终于累了，走了。人们发现，大树折断了腰，小草却慢慢扬起了脸。"

学生问苏格拉底："老师，你认为大树和小草谁更值得赞美？"

苏格拉底说："我赞美大树，也赞美小草。"

大树面对狂风顽强拼搏，它为了阻挡狂风而折断了腰，它是英雄的代表。小草在狂风中战栗，俯身自保，却在风后扬起了脸，它是顺势而行的代表。面对这两种态度，苏格拉底都予以赞美，因为生活中既要有迎难而上的挑战者，也要有能屈服然后再昂头面对生活的坚忍不拔者。在生活中，大家都是普通人，并没有像英雄一样耀眼的光环，也并非都是成功者。于是，很多人便不再赞美，他们把眼睛斜斜地盯着他人的缺点。缺乏赞美，生活就变得越来越不尽如人意。而懂得赞美，生活会因此而改观。

在我们的身边，到处都有值得赞美的人和事，我们可以赞美老年人的稳健和沉着、年轻人的努力和执著、年少者的青春和活力；我们可以赞美父母的含辛茹苦、兄弟姐妹的帮助和扶持、子女的聪明和时尚；我们可以赞美教师的耐心细致、学生的勤奋好学、领导的英明决断、下属的认真负责。当我们把鲜花送给"大树"时，我们为"大树"的精神而感动，为它的拼搏精神而自豪；当我们为"小草"鼓掌时，我们收获的是迎面的微笑和对方回报的掌声。

赞美大树，也赞美小草，它们都是生活中值得赞美的事物。因为它们的存在，世界才如此和谐、美好。

赞赏不可言过其实

意大利喜剧家卡尔洛·哥尔多尼说："过分的赞赏会变成阿谀。"赞赏的语言一定要恰当，不能言过其实，赞得"过分"。

赞赏的方法多种多样，或者真挚热情，或者含蓄委婉，或者自然流露，或者顺应语势，或者具体确切，或者发自肺腑……应根据不同人的身份、年龄和层次，运用不同的赞赏方法。但原则只有一个：恰如其分，恰到好处。

过分的夸张对受赞赏者有百害而无一益。俄罗斯作家克雷洛夫说过："过分的赞赏对于心智是有害的。"

有些人在赞赏别人时喜欢用"伟大的"等词语，给别人戴一些"大帽子"，这种扣"大帽子"的赞赏很不易为人接受。有个年轻人曾给恩格斯写了封热情洋溢的赞赏的信，称恩格斯为"伟大的思想家"、"无与伦比的革命导师"、"马克思的再现"等等，恩格斯读完这封把自己吹捧得很高的信，给这个年轻人写了几句话作为回信，他生气地说："我不是什么导师、思想家，我的名字叫恩格斯。"

赞赏别人，应当一分为二，有成绩则肯定成绩，有不足也要说明不足，控制好赞赏的度。我们周围有很多人，赞赏别人时，一是太繁琐，不管大事小事都滔滔不绝，乱说一通，总怕自己的赞赏太少，不能满足别人。时间长了，大家都觉得他是个"老好人"，他赞赏与否已没有多大意义；二是不留余地，让人感觉他不是在赞赏，而是在吹牛。

赞赏应有所保留。这就好比一个气球，似乎是把它吹得越大越好，但越大越不保险，说不准随时都有可能爆炸。与其让它爆炸，不如吹小点儿，让人感觉心里踏实。表扬不是搞文艺创作，不能像文艺作品那样虚构、夸张，必须有一说一，有二说二。对那些确实值得夸奖的人和事做到恰如其分地表扬能起到鼓励他人的作用。相反，如果你夸奖时随意把事实夸大，把人家的七分成绩说成十分，把人家本来很朴素的想法拔高到理想化的境界，评价失实，只能产生消极作用。

某单位有位职员，经常赞赏自己的同事，尤其是领导。领导长得肥大，他说是"有福相"；领导秃顶，他说是"聪明绝顶"。这还没有什么，马马虎虎，说得过去。有一次，领导因为招待单位的客人喝多了酒，摔了一跤，受伤了。他居然夸奖领导是"为了工作，不顾自身安危"。领导很不高兴，事后该领导对别人评价他说："这家伙是个奸臣，不怀好意，得防着他点！"

这位喜欢夸张的同志，夸奖不当，结果是费力不讨好。赞赏别人，归根结底，是发现别人的美，并用语言表达出来。对别人的"美"，稍微夸张一点儿是可以的，说明自己是"戴着有色眼镜看人"，对人有好感。如果过分夸张，会让人怀疑自己的诚意。

真诚的赞赏应该是最朴素的，有所保留的。赞赏对方不应该过分夸张和矫揉造作。有涵养的人都喜欢自然朴实的赞赏，而讨厌过分溢美之词。

对于起点低的人，可以稍高于他的起点来夸其前途，起点高的人可以直接夸其起点。比如："小伙子这么年轻，又是北大研究生，基础好，起点高，前途无量呀！"这样的夸奖有骨有肉，绘声绘色，并不令人感到虚无缥缈。

高尔基认为："过分夸奖一个人，结果就会把人给毁了。"过分夸张地赞赏一个人，往往会掩饰对方的缺陷和不足，使人陷于沾沾自喜的满足状态，不思进步，放松努力。过分的赞赏无疑是糖衣炮弹，可以毁掉一个人。因此，赞赏他人要注意以下几点：

1. 掌握被夸者的起点

一般情况下，起点高的人前途相对远大一些，起点低的人前途相对小一些。如果夸奖别人前途时无视一个人的起点，就很难把握夸奖的度。如果夸奖赞扬一个小商贩前途远大，将来定能成为一个百万富翁，别人就不敢接受，甚至认为你是痴人说梦。如果夸一位已40出头仍在科长位置上奋斗的人将来没准会做总统，岂不折杀"小人"？倒还不如说他很快就熬成个处级职位实在。

2. 夸奖赞扬别人要实事求是

在职场中，领导对下属的夸奖是对其工作的肯定和认可，对于激励下属、树立领导威信具有不可替代的重要意义，是调节上下级关系的"润滑剂"，在赞赏之前，领导者首先要明辨是非，善别良莠，将自己的夸奖建立在事实基础上。这样，大家才能心服口服，自觉效仿，上下级之间，同级之间关系也会保持和谐和团结。夸奖一定要坚持表扬的无私性、真实性，只有这样才能发挥赞扬的效力。

3. 根据对方的优点、缺点，表达自己的赞赏

"金无足赤，人无完人"。真诚的赞赏应既要看对方的优点和长处，同时也要看到其弱点和不足，指出并提出一定的希望，不仅不会损害你的赞赏力度，相反，会使你的赞赏显得真诚、实在，易于为人接受。尤其是领导称赞下属时，要有一是一，有二是二，把握分寸，要有所保留。可以在表扬时，把批评和希望提出来。否则，被表扬者尾巴翘得老高，不利于进步，也不利于其他下属接受。

4. 赞赏不应该总是绝对化

像"最好"、"第一"、"天下无双"这类的帽子别乱戴。有个企业的广告词说："只有更好，没有最好。"就显示了企业的真诚，而不是哗众取宠、华而不实，在消费者中反响很好。实际上，一般人都对自己有个客观评价，如果你的赞赏毫无遮拦，就会让人感觉你曲意奉承，难以接受。赞赏时必

须记住：一个人的成绩和优点毕竟是有限的。

现代社会，每个人都需要与人交往，都希望自己成为赞赏能手，使自己广交朋友，成为受欢迎的人。那么，就请记住，赞赏首先要真诚，真诚就要有所保留，而不是全盘肯定。你可以大谈其优点、长处、成绩，不谈其不足，也可以既赞赏又批评，还可以提出你的希望。无论采取哪种方式，都要掌握好分寸，把握好"度"。

过分地赞赏是一枚糖衣炮弹，足以毁掉一个人。为了防止自己养成过分夸张的坏习惯，首先要端正对赞赏的认识和态度，不要把赞赏混同于恭维和拍马溜须；其次，赞赏别人时不要暗藏不良动机，比如嫉妒或有求于对方，都可能使自己赞赏对方时言过其实。最后，赞赏别人时要多为对方着想，不要一味夸张，而忽视其存在的缺点和不足。

美言美语

> 赞赏对方是为了激发对方的干劲和动力，而不能成为麻醉剂。

赞赏他人不要鹦鹉学舌

一些人在公共场合赞美别人时，自己想不出怎样赞美，只能跟着别人说重复话，附和别人。这种"鹦鹉学舌，人云亦云"的说话方式最令人厌烦。

世界是丰富多彩的，每一个人接触他人的点都不一样，评价和赞美的语言也应该有所不同，应有自己的特点。

被誉为篮坛"飞人"的篮球明星乔丹曾得到很多观众的赞美，在他退役的时候，各界名人对乔丹的评价和赞美都各不相同。

原美国总统克林顿说："乔丹的性格，生活习惯，人格魅力已经和超乎常人的球技结合在一起，乔丹的形象成为一个完整的人格典范。"这是从乔丹的人格魅力方面加以赞美的。

NBA 传奇巨星张伯伦说:"拿我和乔丹相比,就等于用螺旋桨飞机和现在的超音速战斗机相抗衡。"这是同行的球星对乔丹的赞美,他把乔丹的水平看成是自己无法企及的高水平。

球王贝利说:"乔丹使我知道除了用双脚外,还有其他办法能使皮球产生魔力。"作为足球的泰斗,贝利将篮球与足球运动的区别来赞赏乔丹,称赞乔丹用双手让篮球产生了魔力。

沙特王子说:"我想买下公牛队,但芝加哥政府不允许。我想在乔丹退役后让他出任我们石油公司的美国总代理,如果他喜欢,我还想送他几口油井。"沙特王子以自己愿意付出的财富来表达对乔丹的崇拜。

NBA 球星"魔术师"约翰逊说:"在 NBA,一半是乔丹的,剩下的才是我们的。"约翰逊自己也是篮球高手,但是他认为 NBA 队中有一半的风采都是属于乔丹的,这是作为同事的赞赏。

教练菲尔·杰克逊说:"乔丹并不需要什么教练,他的威信和威严已经超过了任何教练。对公牛队而言,战术和技术已不是最重要的,乔丹已经超越了一切。"菲尔·杰克逊认为乔丹都不需要教练的指导了,这是对球员的高度赞赏。

美联社说:"NBA 最伟大的球员,继穆罕默德·阿里之后世界上最杰出的运动员——乔丹宣布退役。他在巅峰时刻离开,使 NBA 顿时黯然失色。"作为新闻媒体,美联社给了他"继穆罕默德·阿里之后世界上最杰出的运动员"的美誉,并用"NBA 顿时黯然失色"来表达乔丹退役的影响,彰显乔丹的实力。

法新社说:"乔丹来自另一个星球,如风一般飞来,又如风一般飞去,茫茫天地,留下犹如彗尾一般迷人的金光。"法新社将乔丹雄霸球坛到退役,比作"风",并说他留下"彗尾一般迷人的金光",赞赏了乔丹对篮球事业的杰出贡献。

从上面的不同赞赏词中,可以体会到不同的人对同一事物具有多样的、丰富的赞赏。赞美之词绝不是千篇一律,而是要各具特色、丰富多彩。

如果在人多的场合,大家众口一词地赞美同一件事,就会让听者陷入很不自在的境地。越是最后几个赞美的,如果是同样的话,越让他感到厌烦。

五代十国时期,后梁太祖朱温的手下就有一批鹦鹉学舌拍马屁的人。

一次,朱温与众宾客在大柳树下小憩。大柳树浓阴蔽日,树下清风习习十分凉爽,朱温不禁赞叹道:"好大柳树!"宾客为了讨好他,纷纷起来相继赞叹:"好大柳树!"

朱温觉得好笑,又道:"好大柳树,可作车头。"实际上柳木是不能做车头的,但还是有五六个互相赞叹:"可作车头。"

朱温对这些鹦鹉学舌的人烦透了,厉声说:"柳树岂可作车头?我见人说秦时指鹿为马,有甚难事!"于是把说"可作车头"的人抓起来杀了。

每个人都有自己的大脑和思想,应该都有自己的话语。如果说话时不加思索,跟着别人说,人家说好他也说好,人家说差他也说差,那么就会变成一条"应声虫",说出的话也不会受人重视了。

明代文学家冯梦龙的《古今笑史》中有一则典故:

据说古时候有一士人杨某,在中年时得了一种怪病,每当他出言与人应答时,腹中就有虫声效仿他。几年过去了,虫声越来越大。

有一个道士发现了他的怪病,告诉他说:"此应声虫也,久不治,延及妻子。"并告诉他一个办法,让他大声地读《本草纲目》,一旦遇到腹中应声虫效仿时,就这样办。

杨某马上照办了。当他读到"雷丸"时,应声虫就不敢应了。

后来他在长汀一带也遇到一个乞丐有如此怪病,而且还在大庭广众之下表演。他上前告诉他怎样医治,不料那乞丐却说:"某贫无他技,所求衣食于人者,唯借此耳。"

"应声虫"就是当一个人说什么话时,虫子也跟着说同样的话,也就是人云亦云。对待应声虫人的态度也不一样,像故事中的杨某就感到应声虫的烦人,拿《本草纲目》来治它。而那个乞丐就以此为技艺,拿到人前炫耀,以求衣食。虽然有没有应声虫一事不可考证,但是在日常生活中,类似应声虫说话的人却并不少。

为什么有的人喜欢鹦鹉学舌呢?

首先,他不想动脑筋。因为跟着别人说话不需要思考,又可以表示自己也参与到了说话中。如果一言不发,会显得气氛尴尬,于是就跟在他人后面附和,装出颇有同感的样子。

其次,他不想担风险。就像打麻将时跟着别人出牌一样,别人出过的牌,"点炮"的几率会更小,可以说是风险较小。于是,那些求稳、胆小的人,为了避免因为说错话而得罪人,就尽量人云亦云。

不论在哪种场合,我们都要避免成为鹦鹉学舌之人,因为这种鹦鹉学舌的方法只能让听者觉得你没有水平。你说的是人家表达过的意思,又用的是同样的话,让对方听起来只觉得重复啰唆。有一句话说:"第一个把女人比作玫瑰的是人才,第二个把女人比作玫瑰的是庸材,第三个把女人比作玫瑰的是蠢材。"可见,跟在他人之后说话,毫无新意和创意,只会被他人当作笑柄。

> 鹦鹉学舌不仅是社交的忌讳,也是赞美别人时的忌讳。每个人都有自己的喜好和特色,很多人都乐于表现自己别具一格的一面。只有针对对方的特色加以不落俗套的赞美,才能真正打动人心。人云亦云,鹦鹉学舌,就失去了赞美的本意。

赞赏时要坚持原则

人们都希望听到赞赏,所以为人处世时,多运用赞赏可以得到好的人缘。但是,在赞赏的时候,仍要坚持自己的原则和想法。如果不管事情是否正确,都以一大堆的"高帽子"加在他人的身上,那么,赞赏就失去了它的正面价值。

赞赏是一种好的激励手段,让美的事情更美,让好的事情更好。但是,这些赞赏都是针对于有益的赞赏而言。反之,就不叫赞赏,而叫阿谀奉承了。前者对人有益无害,后者对人有害无益。

真正懂得赞赏的人，也懂得坚持自己的原则。运用赞赏给对方一种好的心情，同时巧妙地表达自己的观点。

德皇威廉二世派人将一艘军舰的设计图交给一个造船界的权威，请他评估一下。他在所附的信件上告诉对方，这是他花了许多年，耗费了许多精力才研究出来的成果，希望能仔细鉴定一下。

几个星期之后，威廉二世接到了权威人士所作的报告。这份报告附有一叠以数字推论出来的详细分析，具体文字内容是这样的：

"陛下，非常高兴能见到一幅绝妙的军舰设计图，能为它作评估是在下莫大的荣幸。可以看得出来这艘军舰威武壮观、性能超强，可说是全世界绝无仅有的海上雄狮。它的超高速度前所未有，而武器配备可说是举世无敌，配有世界上射程最远的大炮，最高的桅杆。至于舰内的各种设施，将使全舰的官兵如同住进豪华旅馆。这艘举世无双的超级军舰只有一个缺点，那就是如果一下水，马上就会像只铅铸的鸭子般沉入水底。"

威廉二世看到了这个报告，不禁了然于心地笑了。

权威人士是深谙赞赏之道的，他在接到威廉二世的评估要求后，通过分析，发现威廉二世的设计图不实用。他没有直接否决威廉二世的方案，而是先赞赏威廉二世的方案的美感和艺术价值，最后才点出自己的核心论断：不实用！

如果这个权威人士不懂赞赏的艺术，那么他可能直接用数据论证，告诉威廉二世，说设计方案行不通；如果这个权威人士不懂赞赏的原则，那么他可能碍于威廉二世的权威，说出违心的赞赏之词，如果威廉二世要用这个设计方案来造舰，就会带来经济损失。权威人士在这个难题面前，巧妙地将运用赞赏的技巧与坚持自己的原则两项内容结合起来，让威廉二世既保持了权威，又明白了自己设计方案的不足。

赞赏要有原则，虽然说出来的话语主要是为了鼓励对方，但是也要分清善恶，辨明是非。不能随意乱说，将他人引入歧途。只有在保持原则的基础上谈赞赏，赞赏才有意义。

明代文学家冯梦龙在《广笑府》中有一则笑话，看了让人深有感触。有个人专喜欢听人吹捧，一个相面的知道了他的这个癖好，便登门给他相面，极力夸赞他的长相，并说："不用别的，只消您这双大眼睛，就一生受用不尽。"

那个人听了非常高兴，把相面的留在家中款待了几天，最后还送了一份厚礼。相面的临走时，拉着他的手说："我还有句话，您也应记住。"那人问什么话，相面的说："您也得找点活计干，不能全靠这双眼睛。"

这个相面的本是随意奉承人，对喜欢吹捧的人的眼睛夸赞不已，但是，在最后走的时候，相面先生还是给了那人忠告，要他努力干活。这个相面先生既懂赞赏之道，也懂得要告诉人真情，也算是一个懂得赞赏之道的君子了。如果他为了自己私利，用不断的赞赏来迷惑他人，那么他的话就是假话，也谈不上什么赞赏了。

美言美语

> 赞赏是要讲原则的。好话不能随心所欲地说出口，没有原则的赞赏之词是不负责任的。当我们开始赞赏的时候，要把握自己赞赏的真实意图，是希望激励对方继续努力，还是要劝阻他人继续犯错。当我们在原则上把握准确之后，才能做到对他人加以有益的赞赏。

赞赏不当可能适得其反

赞赏和奖励都要根据需要进行。要明白自己想要通过赞赏达到的目的，不能对自己不希望达到的内容进行赞赏，如果那样，可能会激发对方朝与你的希望相反的方向发展。

赞赏可以引导他人朝着某个方向发展，所以赞赏本身就有倾向性。在发表赞赏时，要充分考虑这种引导可能带来的结果，要引导它朝好的方面发展，而不能让人听了赞赏之后，反而起了歪心思。

一个有钱的老太太看到儿子对自己很孝顺，就高兴地表扬儿子说："你

真孝顺，我要给你很多奖励。你别担心钱的问题，我去世之后，你会有很多钱。"

儿子本来觉得孝顺母亲是自己的责任，但是自从听到这句话之后，他总是想着老太太的遗产，他想知道这笔钱到底有多少，自己什么时候才能开展自己的事业。儿子对老太太的孝顺由原来的真心反而变成了焦急的等待。这位老太太很长寿，她一直无法理解儿子为什么在后来照顾她的日子里，总是盼望她早些去世。

老太太在赞赏自己的儿子孝顺时，却用遗产来作为奖励，这就让儿子本来纯洁的动机变得不纯了。老太太活的时间又与儿子得到遗产的时间有着密切关系，所以儿子就想早些得到遗产了。如果老太太让遗产建立在她长寿的基础上，她儿子的表现就会完全不同的。如果她说："只要我活着，每年年初我都会给你5万美元。但我去世之后，所有的遗产都归慈善机构"，那么，儿子肯定支持她多活些年头。因为这会让他觉得他只能从她生命的延长中获利，而不是在她生命结束后得益。

有时候，无意的赞赏可能会产生多种效果，这些效果中，既有正面的，也有负面的。赞赏者要注意引导赞赏的效果朝自己希望的方向发展，避免它的负面影响。

有一个寓言故事，它让人们形象感觉到随意赞赏和奖赏可能带来的不良后果。

一次，渔夫去打鱼，偶然发现他的船边游动着一条蛇，嘴里还叼着一只青蛙。渔夫可怜那只青蛙，便动了恻隐之心，俯下身来从蛇口救走了青蛙。但随后，渔夫又开始为那条蛇将要挨饿而感到难过。因为没有什么吃的东西，他便拿出一瓶酒往蛇的口中滴了几滴。

蛇喝了酒快乐地游走了，青蛙也为重获新生而高兴，渔夫更为自己的善行而欣慰。他认为这是一个皆大欢喜的结果。

不久，渔夫突然觉得有东西在撞击他的船，他低头一看，几乎不敢相信自己的眼睛：原来那条蛇又回来了，且嘴里还叼着两只青蛙——它在等待渔夫给予酒的奖赏！

渔夫给蛇几滴酒喝，本来只是为了补偿蛇失去青蛙的痛苦，而蛇却把它当成一种奖励,捉更多的青蛙,希望得到更多的奖赏:这就是不合理的奖励导致的结果。奖励何种行为,就会得到更多这种结果的行为。渔夫对蛇捕捉青蛙的行为给予了几滴酒的奖励,这使得蛇意识到它的这种行为是有利可图的。如果渔夫只救走青蛙,而不给予蛇任何奖赏的话,那么除非这条蛇思维有问题,否则它是不会咬着青蛙再次回到渔夫身边的。

 美言美语

> 人们常说:"种瓜得瓜,种豆得豆"。奖励得当,种瓜得瓜;奖励不当,瓜不成瓜,豆不成豆。赞赏者在赞赏和奖赏时,最忌讳的莫过于奖励的初衷与奖励的结果存在很大差距,甚至背道而驰,所以一定要先考虑清楚,该赞赏什么,赞赏会带来什么,然后才能表达赞赏。

赞赏他人要注意措词

赞赏是一番好意,却也要通过好的言词来表达。言词表达恰当,恰似"酒逢知己千杯少";言词表达不当,真是"话不投机半句多"。

在生活中,并不是人人都有好的口才,因此赞赏往往"美"不起来。有的人说话不自在、不自然、不连贯,甚至面红耳赤,自己别扭,别人听着更别扭。他慷慨的赞赏反而成了送给别人的惩罚,使人既不痛快又费神。有些人讲起话来滔滔不绝、信口开河,甚至胡乱联系,无中生有。这种人对你的赞赏越慷慨,越会让你感觉到毫无诚意。这样的赞赏常被人认为虚伪、矫揉造作,甚至有溜须拍马的嫌疑。还有的人因为口才不好、词不达意,反令被赞者极为尴尬。

几位高中的同学到杨栋家玩。杨妈妈对人非常热情,同这些当年的"小毛头"亲切地交谈起来。听到大家都大学毕业了,联系的工作也不错,杨妈妈眼里流露出既高兴又羡慕的神色,摇着头叹息说:"你看你们,是多

好的孩子！一个个花言巧语，到哪都受人喜欢。俺那个崽，不会来事，三脚踹不出个屁来，到现在还没找到工作呢。"一句话差点儿让大家背过气去，笑也不是怒也不是。

杨妈妈本是好意，想夸奖杨栋的同学，但用了一个"花言巧语"，意思来了个一百八十度的大转弯。大家虽然都明白她老人家是一位没有文化的农村人，不知从哪里捡来一句连她自己也弄不懂的词语，但毕竟听了心里也很不对味，不好以什么样的话语来对答了。

笨拙的讲话就像一架破烂不堪的录音机，使赞赏这本该美妙动听的旋律变得刺耳难听，不能打动人、感染人，反而会损伤人的情绪，扭曲原意。如果你是一名企业领导者，在称赞下属时更要注意措词。否则，也可能导致尴尬的局面。

孟冬军是某私企老板，他的公司里有两个年轻的女秘书。这两个女秘书工作能力都挺强，也经常得到孟冬军的称赞，可他们之间关系总是好像有堵墙一样，孟冬军的称赞激不起两位女秘书内心的热情。

原来孟冬军为人豪爽，颇有大男子汉气度，讲话不避嫌，在称赞用语中经常用一些"牛 X"或者"他妈的绝了"等词。虽说这些赞语对于那些老下属来说都已习以为常，但这两个刚刚从高校中出来，受过正规教育的女秘书却感到极不舒服。可孟冬军没有考虑到这一点。女秘书总是有意拉远与他的距离，这使待人热情且平易近人的孟冬军感到很尴尬。

有一次，孟冬军发现，他刚刚称赞了其中的一位女秘书"这次工作报告写得不错，简直太牛 X 了"，两个女秘书就都借故走了出去。这件事让孟冬军感觉纳闷。后来，当她们中的一位进行工作汇报时，孟冬军连哄带"威胁"，才搞清楚了，他说话的时候没有注意到自己的下属是女性，并且是年轻的小姐。

意识到这一点后，孟冬军就非常注意自己的措词了，到了陌生的场合，或者在年轻下属面前，讲话总是字斟句酌，对他们的称赞，也变得含蓄委婉起来。如此一来，孟冬军和两个女秘书之间的关系轻松多了，她们再也不躲着他了，日常工作中的合作也很愉快。

不当的言语让人听了非常不顺耳。在这个事例中，孟冬军对年轻下属的赞扬，没有考虑到她们是女性，称赞的言辞欠考虑，于是出现了尴尬的局面，等到孟冬军意识到这一点之后，对自己的言辞作了调整，他们之间的关系就好多了。

很多人在激动或者真正动情的时候特别容易发出赞赏，也更容易说出一些措词不当的话。虽然这些话是"言者无意"，属于脱口而出，但是对于听者，却是难以接受。还有一些人，喜欢用拿一些流行的词语来到处称赞人，但若不分对象，也可能碰壁。有的年轻人在赞赏同龄人时喜欢说"你真酷"、"你好炫"之类的赞赏词，如果对长辈和领导说出这样的话，就会显得很不正式，也是措词不当。

称赞别人时在用词上要再三斟酌，千万不要胡言乱语。列举对方身上的优点或成绩时，不要举那些无足轻重的内容，比如向客户介绍自己的销售员时，切记不要说他"很和气"或"纪律观念强"之类和推销工作无关的事。赞赏中不可暗含对方的缺点。比如一句口无遮拦的话："太好了，在屡次失败之后，你终于成功了一回！"不能以你曾经不相信对方能取得今日的成绩为由来称赞他。比如，"真想不到你居然能做到这件事"，或是"能取得这样的成绩，你恐怕自己都没想到吧"。

美言美语

> 称赞的话如果用词不当，让对方听起来不像赞赏，反倒更像是贬低或侮辱。结果自然是不欢而散、事与愿违。我们在表扬或称赞他人时一定要注意措词，以免词不达意，反令被赞者尴尬。